ZAUBER FRISCH

· Profitipps für Ihren Haushalt ·

NATÜRLICHE HAUSHALTS- PRODUKTE

Putzmittel selbst herstellen

Isabelle Louet

INHALT

PUTZEN LEICHT GEMACHT

... GANZ NATÜRLICH

Natron, Montmorillonit, Schlämmkreide, Essig mit 10 % Säure – sie haben die Nase vorn, denn der Trend geht dazu, umweltschädliche oder chemische Produkte durch natürliche zu ersetzen, die ökologisch, umweltfreundlich und biologisch abbaubar sind.

Ein weiterer Pluspunkt ist, dass diese Naturprodukte seit Jahren ihre Wirksamkeit unter Beweis stellen. Bei der richtigen Verwendung – Reinigen, Fettlösen, Bleichen, Desinfizieren, Beseitigen von Gerüchen und selbst um Insekten zu vertreiben – suchen sie ihresgleichen.

Ein weiterer Aspekt, den man in Zeiten der Wirtschaftskrise in Betracht ziehen sollte, sie sind günstig!

Das ist Ihre Gelegenheit, Nägel mit Köpfen zu machen und das Haus mit Naturprodukten schadstofffrei auf Hochglanz zu bringen.

▶ **Richtig eingesetzt**

Alleine oder in Kombination – von hartnäckigen Kalkablagerungen bis zu trüben

ESSIG

Warnhinweis: Bei unsachgemäßer Anwendung der Produkte übernehmen wir keine Verantwortung für die Wirksamkeit der Tipps in diesem Buch.

Fenstern – Natron, Savon de Marseille usw. meistern sämtliche Aufgaben, so zahlreich sind die Reinigungswirkungen. Will man gute Ergebnisse erzielen, muss man sich dennoch die Zeit nehmen, ihre Eigenschaften kennenzulernen, um sie richtig anzuwenden. Man kann nicht Zitronensaftkonzentrat anstelle einer echten Zitrone und Montmorillonit auf einem getrockne-ten Fleck verwenden oder die Einwirkzeit von Salz zur Reinigung eines Teppichs außer Acht lassen.

Lernen Sie wie ein Koch das Rezept anzupassen. Passen Sie die Dosis an, um eine gute Qualität und die richtige Textur der Paste zu erhalten. Großmutters Tipps sind keine richtige Wissenschaft, sondern das Ergebnis zahlreicher Versuche und Erfahrungen.

Sicherheit geht vor

Naturprodukte hin oder her, beachten Sie die Sicherheitsregeln, um Unfälle zu vermeiden:

• Bewahren Sie die Produkte in ihrer Originalverpackung auf, um Verwechslungen zu vermeiden. Natron kann leicht für Puderzucker oder Salz gehalten werden!

• Wenn Sie Waschmittel oder Reinigungsmittel herstellen, verwenden Sie niemals Getränkeflaschen oder Lebensmittelverpackungen oder Bonbongläser zur Aufbewahrung. In größeren Mengen eingenommen, können sie giftig sein.

• Kennzeichnen Sie die hergestellten Mittel sorgfältig und lesbar. Führen Sie die Bestandteile auf. Wenn jemand anderes diese Mittel verwendet,

muss er wissen, worum es sich handelt.

• Versuchen Sie nicht, Zeit zu sparen, indem Sie die Produkte mischen. Meist kommt nichts Gutes dabei heraus und es können gefährliche chemische Reaktionen (z. B. giftige Dämpfe) entstehen.

• Naturprodukte vollbringen zwar Wunder, sind aber nicht alle ungefährlich wie z. B. Terpentinöl oder Waschsoda. Behandeln Sie sie mit Vorsicht, mischen Sie sie sind nicht und bewahren Sie sie außerhalb der Reichweite von Kindern auf.

• Ob gefährlich oder nicht, lagern Sie Haushaltsprodukte stets außerhalb der Reichweite von Kindern und Haustieren. Ideal ist, sie oben in einem Schrank zu lagern.

▸ Ihre Entscheidung

Diese Produkte haben wenig gemeinsam, weder die Konsistenz, noch Eigenschaften oder die Zusammensetzung, aber sie haben die gleiche Reinigungswirkung und -kraft. Sie entfernen Fett, Kalk, sorgen für Glanz usw. Entscheiden Sie sich also für das Produkt, das Ihnen am besten gefällt. Die einfache Anwendung, der beste Duft, das duftneutralste Produkt oder ganz einfach das, das Sie im Schrank haben. Der Vorteil? Sie können die Produkte nach Lust und Laune wechseln.

▸ Lassen Sie Vorsicht walten

Stoff, PVC, Marmor, egal was Sie reinigen möchten, prüfen sie stets an einer kleinen Stelle, ob die Methode die Richtige ist. Im Zweifelsfall hören Sie auf und fragen einen Fachmann um Rat.

Naturprodukte vollbringen zwar wahre Wunder, aber nicht alle sind ungefährlich wie z. B. Terpentinöl oder Waschsoda. Sie müssen mit Vorsicht verwendet werden; mischen Sie sie möglichst nicht und bewahren Sie sie außerhalb der Reichweite von Kindern auf.

KURZE METHODIK ERFOLG-REICHER HAUSARBEIT

Staub jagen, Chrom, Kupfer, Silber zum Glänzen bringen, Emaille wieder weiß erstrahlen lassen – Ob Frühjahrsputz oder einfacher Putztag, nehmen Sie sich Zeit und befolgen Sie einige einfache Regeln, so wird Ihr Haus nicht zum Schlachtfeld und diese lästige Arbeit kann eine Erholung sein.

▸ Nehmen Sie sich Zeit

Zum Großputz entschlossen? Sie sollten auf keinen Fall aus einem Impuls heraus das Haus durcheinander bringen. Nehmen Sie sich Zeit, sonst verlieren Sie dabei die Nerven. Das wäre schade, denn bei guter Vorbereitung können Sie beim Putzen wunderbar entspannen und den Kopf frei bekommen!

▸ Planen Sie

Man hat nicht immer einen ganzen Tag zum Putzen. Das ist nicht schlimm, denn Staub zu verhindern ist eine Frage der Organisation. Das Geheimnis eines immer sauberen Hauses? Das rotierende System. Jede Woche nimmt man sich einen Raum vom Boden bis zur Decke vor. Man jagt jedem Staubkorn nach. Aufgabe beendet? Auf zu den anderen Räumen.

Natürlich putzt man jedes Mal das Bad und die Küche, man saugt die anderen Räume und geht mit dem Staubwedel durch, ohne jedoch alle Ecken und Winkel zu reinigen. In der folgenden Woche verfährt man genauso und setzt den Schwerpunkt auf einen anderen Raum.

▸ Gute Organisation ist alles

Wer von effizientem Putzen spricht, meint überlegtes Putzen. Es geht nicht darum, jede Woche die Schränke von oben bis unten zu putzen, Sie haben an Ihren Wochenenden sicher anderes zu tun! Aber ein- oder zweimal im Jahr, z. B. beim Wechsel der Jahreszeiten, bietet es sich an und Sie vermeiden so Mottenbefall!

Als Hilfestellung haben wir in diesem Buch Zeiträume angegeben. Es handelt sich hier natürlich nur um Ratschläge. Sie entscheiden selbst, ob Sie Ihre Fliesen jede Woche oder jeden Monat reinigen.

Das richtige Material für erfolgreiches Putzen

Für die besten Ergebnisse benötigt man gutes Werkzeug:

- *Saubere, fusselfreie Lappen oder Mikrofasertücher*
- *Fensterleder (gibt es nicht mehr oft, aber man kann es in Bastelläden finden)*
- *Ein Baustellenschwamm für große Flächen*
- *Eine biegsame Zahnbürste (für Zwischenräume gibt es nichts Besseres)*
- *Ein leicht abgenutztes Taschenmesser für vorsichtiges Kratzen nach Art unserer Großeltern.*
- *Eine Bürste mit Naturfasern (die aus Plastik sind nicht so effizient, denn die Borsten verbiegen sich schnell unter dem Druck) zum Reiben ohne Kratzer*
- *Zeitungspapier (aber nicht irgendwelches, sondern das der Tageszeitung, das Glanzpapier von Zeitschriften eignet sich nicht)*
- *Ein sauberer Wischlappen*
- *Extrafeine Stahlwolle zum Entfernen ganz feiner Kratzer*
- *Weiche Schwämme für sämtliche Oberflächen*
- *Ein Abzieher für Glasscheiben*

Und natürlich einen Besen, einen Eimer oder eine Wanne, eine Schaufel, einen Staubsauger und Handschuhe.

Zum Teufel mit den chemischen Produkten, die unsere Zimmer und unseren Planeten verschmutzen. Es wird endlich aussortiert! Wir entscheiden uns für die Mittel, die seit Jahrhunderten ihre Wirksamkeit unter Beweis stellen. Damit Ihr Haus in neuem Glanz erstrahlt, hier die unverzichtbaren Helfer, die Sie im Schrank haben sollten.

DER IDEALE SCHRANK

DIE BLEICHMITTEL

Sie sind die Könige der weißen Farbe, egal ob Wäsche, Möbel oder Anderes. Pluspunkt – durch ihre desinfizierenden Eigenschaften sind sie eine wirksame Waffe gegen Schimmelpilze und Mikroben.

▶ **Wasserstoffperoxid**

Dieses Antiseptikum ist in der Apotheke erhältlich. Es wird natürlich auf der Grundlage von Enzymen hergestellt, die man „Peroxidasen" nennt.

• **Man verwendet es,** um Moos und Schimmelpilze zu lösen und zu entfernen.

• **Anwendung:** Im Haushalt verwendet man Wasserstoffperoxid mit 20 Vol.-% für die Fleckentfernung, mit 30 Vol.-% für das Bleichen von Wäsche und mit 60 Vol.-% für das Bleichen von PVC, Emaille, Holz und großen Flächen.

▶ **Natriumpercarbonat**

Bei Kontakt mit Wasser wird „aktiver Sauerstoff" (Wasserstoffperoxid) mit stark bleichenden und desinfizierenden Eigenschaften frei.

• **Man verwendet es** zum Bleichen und zur Fleckentfernung auf Stoffen, zum Putzen

und Desinfizieren von Böden, Terrassen, Emaillebadewannen, Badfliesen und auch um Schimmelpilze und Moos zu entfernen.

• **Anwendung:** Es genügt die Zugabe von einem bis drei Esslöffeln auf einen Liter Wasser.

❶ **ACHTUNG:** Mit Vorsicht zu verwenden. Vermeiden Sie jeglichen Haut- und Augenkontakt und tragen Sie Handschuhe.

❶ **GEGENANZEIGE:** Nicht auf Aluminium oder gewachsten, gestrichenen oder lackierten Flächen verwenden, außer Sie möchten diese abbeizen. Es ist brandfördernd und sollte daher von brennbaren Produkten wie Alkohol und ätherischen Ölen ferngehalten werden.

REINIGUNGSMITTEL

Sie sind vielseitig verwendbar, dienen aber speziell dem Entfernen sehr hartnäckiger Flecken und schonen dabei das Material.

▶ **Die Kartoffel**

Mit 4000 Arten birgt die Kartoffel einen Schatz guter Eigenschaften:

• **Man verwendet sie** zum Bleichen, Scheuern, Entfernen schwarzer Streifen, Entkalken,

zur Unkrautbekämpfung, zum Polieren von Kristall, Spiegeln und Fliesen.
• **Anwendung:** Das Kochwasser ist nützlich, die Kartoffel wird oft auch halbiert verwendet. Manchmal wird Kartoffelstärke verwendet.

▶ **Savon de Marseille**
Die echte Savon de Marseille wird handwerklich hergestellt, besteht zu 72 % aus Pflanzenöl (Olive, Kokos, Palmöl) und Soda, enthält weder Parfüm, Farbstoff, noch Zusatzmittel und ist biologisch abbaubar.
Auf der echten Seife müssen die Bezeichnung „72 % d'huile végétale" und der Name der Seifenfabrik eingeprägt sein.

☞ *Hätten Sie es gewusst?*

Die Savon de Marseille ist das einzige Haushaltsmittel, das sich der Kodifizierung der Herstellungsart durch Ludwig XIV. 1688 rühmen kann. Vom Kochen in großen Kesseln bis zur ausschließlichen Verwendung von Pflanzenölen sowie dem Verbot, tierische Fette zu verwenden, legt das Edikt von Colbert sämtliche Herstellungsregeln fest.

Die richtige Savon de Marseille auswählen   💡 **TIPP**

Weiße Seife, die aus Palmöl (Auszug aus der Frucht der Ölpalme), Erdnussöl oder Kokosöl hergestellt wird, eignet sich insbesondere für die Wäschepflege und im Haushalt, während die braune/grüne Seife aus Olivenöl und eventuell Kokos- und/oder Palmöl eher für die Körperpflege empfohlen wird.

• **Man verwendet sie** für trübe Spiegel, zur Fleckentfernung, um Fliesen und Wäsche zu reinigen, Pinsel zu schützen, Ränder zu entfernen usw.
• **Anwendung:** Zum einfacheren Auflösen wird sie gerieben oder in Späne geschnitten.

▶ **Schmierseife**
Schmierseife ist natürlich, ökologisch und umweltfreundlich. Sie wird auf der Grundlage von Pottasche hergestellt und wurde lange verkannt. Aufgrund der dunklen Farbe, der

Die richtige Schmierseife wählen

TIPP

Schmierseife für den Haushalt unterscheidet sich von der für die Körperpflege. Fest, weich oder in flüssiger Form, besteht sie aus Pottasche und einem Fettstoff wie beispielsweise Oliven-, Lein, Nuss-, Maisöl oder gar Glyzerin. Schmierseife für den Körper, besser bekannt Savon Beldi, hat eine zähe Konsistenz, ist dunkel oder schwarz und wird aus Pottasche und Olivenpaste hergestellt.

zähen Konsistenz sowie des starken Geruchs war sie in modernen Haushalten unerwünscht, wo man Savon de Marseille den Vorzug gab.

• **Man verwendet sie,** um Emaille zu bleichen, als Fettlöser, für Scheiben und Spiegel, gegen Flecken, für die Wäsche und zur Bodeneinigung, beim Putzen von Silber, Bronze und Kupfer sowie Fugen und sogar für Leder.

• **Anwendung:** In flüssiger Form oder als Paste, je nach Bedarf pur oder verdünnt, Nachspülen ist meistens unnötig.

DIE LUFTERFRISCHER

Sie eignen sich zum Entkalken, Reinigen und zur Fleckentfernung und haben den Vorteil, hervorragend schlechte Gerüche zu absorbieren.

▸ **Der Korken**
Er ist bekannt für seine Rolle bei der Konservierung von Wein, ist aber auch im Haushalt nützlich.

• **Man verwendet ihn,** um Obst zu konservieren, schlechte Gerüche zu beseitigen und Ränder zu entfernen.

• **Anwendung:** Wird wie ein Radiergummi verwendet.

▸ **Kaffee**
Seherinnen lesen darin die Zukunft, unsere Großmütter waren pragmatischer und fanden in ihm andere Vorzüge:

• **Man verwendet ihn** als Fettlöser, um Leitungen zu reinigen, schlechte Gerüche zu beseitigen, im Garten, auf Fliesen, für Karaf-

☞ Hätten Sie es gewusst?

Ist Kaffeesatz trocken, riecht man ihn nicht mehr.

fen, um Kratzer auf Möbeln zu polieren, altes Parkett aufzufrischen, zum Aussondern von Asche aus dem Kamin und zur Abwehr von Ameisen.

· **Anwendung:** Sammeln Sie Kaffeesatz (auch von Kaffeekapseln), geben ihn in eine Plastikflasche und bewahren ihn an einem trockenen und dunklen Ort auf. Den Behälter offen lassen, damit der Kaffeesatz durch das Kondensationswasser nicht schimmelt, so ist er mehrere Wochen haltbar.

💡 **TIPP**

Für ganz weiche Hände

Die kleinen Körner machen Kaffeesatz zu einem Peeling. Reiben Sie Ihre Hände mit einer Dosis leicht angefeuchtetem Kaffeesatz ein und waschen sie mit klarem Wasser ab.

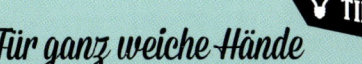

▶ **Milch**

Hauptsächlich als Lebensmittel verwendet, erweist sie sich auch beim Hausputz als nützlich.

· **Man verwendet sie,** um Leder weich zu machen, schlechte Gerüche zu beseitigen, Silber zu polieren, Schaben zu vertreiben und zum Stärken von Gardinen und Vorhängen.

· **Anwendung:** Meistens pur auf einem Schwamm.

ENTKALKER

....

Zum Entfernen von Kalk und damit Chrom und Emaille wieder glänzen, gibt es nichts Besseres.

....

▶ **Zitrone**

Sie ist klein mit maximaler Wirkung, Schönheitsgeheimnis, Geschmacksträger und ein Ass im Haushalt.

· **Man verwendet sie,** um Emaille, Wäsche und Fugen zu bleichen, zum Desinfizieren und Entkalken, um schlechte Gerüche zu beseitigen, um Motten zu vertreiben, Metalle zu polieren, Kupfer blank zu scheuern und sogar um Ameisen zu vertreiben.

· **Anwendung:** Halbiert oder als Saft auf einem Schwamm, pur oder leicht verdünnt, abhängig vom Rezept.

👉 Hätten Sie es gewusst?

Vor dem Auspressen die Zitrone zwei- oder dreimal mit der Handfläche auf der Arbeitsplatte rollen. Sie wird weicher und das Fruchtfleisch löst sich besser. Falls sie ein wenig eingetrocknet ist, 3 Minuten in warmes Wasser tauchen oder 15 Sekunden in die Mikrowelle geben.

▶ Salz

Im Feng Shui dient es der Reinigung des Hauses, ist aber ein echter „Meister Proper". Seine Körner machen es zu einem guten Peeling.

• **Man verwendet es,** um schlechte Gerüche zu beseitigen, Flecken zu entfernen, Fettreste aus dem Ofen, von der Herdplatte oder aus Töpfen zu entfernen, Chrom und Emaille zu entkalken, Kupfer zu polieren, Abflüsse zu reinigen, das Abbrennen von Kerzen zu verlangsamen und Ameisen abzuwehren.

• **Anwendung:** Gestreut oder mit einem anderen Produkt vermischt, trocken oder angefeuchtet.

———◆———

FLECKENTFERNER

....

Ob Fett-, Blut oder Farbfleck… Nur sie können Wertvolles retten, denn während sie ihre Arbeit verrichten, schonen sie selbst die empfindlichsten Materialien.

....

▶ Schlämmkreide (Blanc de Meudon)

Schlämmkreide ist zu 100 % natürlich, stammt aus Kreidevorkommen im Pariser Becken (Meudon), ist ungiftig, biologisch abbaubar und ein feines weißes, leicht alkalisches, leicht scheuerndes Puder, das hauptsächlich

☞ Hätten Sie es gewusst?

Dieser Kreidestein hat seinen Namen von der Stadt Meudon in der Region Gard. Ein Paradox, denn das Hauptvorkommen befand sich in Vienne, in Montmorillon. Aber auch wenn das Vorkommen heute erschöpft ist, hat das Mineral eine Zukunft, denn man hat es auf dem Mars entdeckt. In der Zwischenzeit wird es rund um die Stadt Fez in Marokko abgebaut.

Karbonat- und Kalziumpartikel enthält.

• **Man verwendet sie** zum Scheuern und um empfindliche Flächen ohne Kratzer zum Glänzen zu bringen: Edelstahl, Silber, Cerankochfelder, Kupfer, Marmor, Zinn, Glasscheiben.

• **Anwendung:** In den meisten Fällen als Paste unter Zugabe von Wasser.

▶ Holzasche

Reich an Mineralien (Kalzium, Magnesium, Pottasche, Kieselsäure), verwendeten unsere Großmütter sie im Haushalt und zur Herstellung von Seife und Waschmittel.

• **Man verwendet sie** als Fettlöser, zum Polieren von Silber und Kupfer, zur Fensterreinigung und zur Herstellung von Waschmittel.

• **Anwendung:** Sie muss von trockenem, unbehandeltem Holz stammen. Vor der Verwendung sieben, damit ein feines Puder übrigbleibt und sämtliche Abfälle und

Rückstände, die Kratzer und Schäden verursachen können, aussortiert sind. Sie wird
als Paste (mit Wasser vermischt) oder als
Puder verwendet.

▶ Talk

Auf dem Markt gibt es zwei Sorten Talk. Ein
Mineral, das hauptsächlich aus Magnesium-
silikat besteht, und ein „synthetisches".
Beide sind unschädliche und kraftvolle
Waffen die Fettflecken entfernen, das Haus
zum Glänzen bringen und die Haut vor dem
Austrocknen schützen.

• **Man verwendet ihn** ihn zur Fleck- und
Fettentfernung, damit sich Fenster einfacher öffnen lassen, um Knarr- und Knack-
geräusche zu beheben, Schimmelpilzspuren
auf Büchern zu entfernen und Pelze aufzufrischen.

• **Anwendung:** Trocken, als Paste oder angefeuchtet auf einem Schwamm.

▶ Montmorillonit

Diese Tonerde, als Pulver erhältlich – 100 % natürlich, un-
schädlich für Mensch und Umwelt – ist das Geheimnis der
Färber, um hartnäckigen Fettflecken zu Leibe zu rücken.

• **Man verwendet sie** um Fettflecken auf-
zusaugen, Gerüche zu neutralisieren und
Wäsche zu desodorieren.

• **Anwendung:** Auf Flecken gestreut, wirkt es
innerhalb weniger Stunden.

ALLESREINIGER

Zur kompletten Reinigung des Hauses vom
Keller bis zum Dachboden, genügt eines
dieser Mittel, so wirkungsvoll sind sie in
allen Bereichen.

▶ Natriumhydrogenkarbonat

Das bekannteste und meistverwendete
Mittel, auch bekannt als Natriumbikarbonat
oder Natron, ist zudem eines der günstigsten.
Das feine weiße Pulver bietet einige Vorteile:

Wirksam oder nicht? TIPP

Die Natronpackung liegt seit ewigen
Zeiten hinten im Schrank? Wenn Sie wissen möchten, ob es noch wirkt, geben
Sie einen Esslöffel in ein Glas Wasser
und einige Tropfen Zitrone oder Essig
dazu. Die Mischung beginnt zu schäumen? Dann hat es seine Eigenschaften
noch. Passiert nichts, hat das Mittel seine Eigenschaften eingebüßt und es ist
Zeit, den Vorrat aufzufrischen.

Feueralarm 🔆 TIPP

Ihr Topf fängt Feuer? Werfen Sie ohne abzuwarten Natron in die Flammen (Vorsicht, Abstand halten).

Es ist essbar, biologisch abbaubar, ungiftig, ohne Konservierungsstoffe, wasserlöslich, geruchsneutral, säurebeständig, wirkt entkalkend und ist sanft scheuernd.

• **Man verwendet es** als Weichspüler und Entkalker, um Wäsche und Fugen zu bleichen, Fett vom Boden bis zur Decke sowie Gerüche und Schimmelpilz zu entfernen, Silber zu polieren, Farben aufzufrischen, zur Reinigung usw.

• **Anwendung:** Als Pulver, Paste oder mit Wasser verdünnt.

⚠ **ACHTUNG:** Nicht mit Ätznatron verwechseln.

☞ Hätten Sie es gewusst?

Natriumhydrogenkarbonat wird aus Natron – einem Mineral, das sich auf der Oberfläche von natriumreichen Seen bildet – oder aus einer Mischung aus Kreide und Salz gewonnen, das aus den Vorkommen in Afrika oder Nordamerika (kommt derzeit am meisten vor) geschöpft wird. Es kann auch im Labor hergestellt werden.

▶ **Putzstein**

Putzstein, auch Reinigungs- und Polierstein genannt, besteht hauptsächlich aus Poliertonerde, aber auch aus Seife, und ist als kompakte, trockene und leicht scheuernde Paste erhältlich.

• **Man verwendet ihn** zur Fleck- und Fettentfernung, zum Entkalken, Reinigen von Scheiben, Induktions- oder Cerankochfeldern, Metallen (Silber, Chrom, Edelstahl, Kupfer), Polieren empfindlicher Materialien, Erneuern von Fliesenfugen, Auffrischen von Weiß usw.

• **Anwendung:** Zur Verwendung genügt es, einen feuchten Schwamm (wird mitgeliefert) im Behälter zu reiben, mit klarem Wasser abzuspülen und mit einem weichen Tuch nachzureiben.

▶ **Zahnpasta**

Zahnpasta ist leicht scheuernd und bestens für den Hausputz geeignet.

Nehmen Sie die einfachste Zahnpasta als Putzmittel. Vergessen Sie parfümierte Pasten und solche, die reich an Fluor oder sonstigen Mineralien sind. Notfalls stellen Sie Ihre eigene Paste her.

• **Man verwendet sie** als Entkalker, um Flecken sowie Schlieren auf Gläsern zu entfernen, Silber, Chrom, Gold und Kupfer zu polieren, Emaillebadewannen, Spülbecken, Waschbecken oder WC zu reinigen, Schimmelpilze zu entfernen, zum Reinigen der Bügeleisensohle, der Scharniere von Kühl- und Gefrierschrank, zur Entfernung von Bleistiftflecken oder Kratzern an der Wand, zum Vorbeugen von Schwitzwasser, Zuschmieren von Löchern und Ausbessern von Schuhen.

• **Anwendung:** Als Paste auf einen Schwamm aufgetragen.

▶ **Spritessig mit 10 % Säure**
Farblos und ungiftig ersetzt er sämtliche Reinigungsmittel, Fettlöser und chemische Unkrautvernichtungsmittel. Nachteil: Sein strenger Geruch, der in den Augen brennt (ohne sie jedoch zu reizen), der jedoch glücklicherweise schnell verfliegt.

• **Man verwendet ihn** als Weichspüler, um Abflüsse zu reinigen, Fett und Flecken sowie Kleberreste zu entfernen, zur Tiefenreinigung und Desinfizierung, um schlechte Gerüche zu entfernen, als Entkalker, um Spiegel zu reinigen und Kupfer, Zink, Chrom und Porzellan zu polieren.

• **Anwendung:** Pur, in Wasser aufgelöst (50/50), in Verbindung mit Salz oder Natron, kalt oder warm.

Eine seltsame Mischung

Spritessig mit 10 % Säure und Natron werden oft gemischt und erzeugen eine chemische Reaktion. Die Mischung schäumt aufgrund des freigesetzten Kohlendioxids auf. Vermeiden Sie Reizungen (Nase und Augen), indem Sie die Fenster öffnen oder die Mischung verdünnen.

❶ ACHTUNG:
• Nicht mit Eau de Javel mischen, bei dieser Mischung entstehen giftige Dämpfe.
• Achten Sie darauf, während der Verwendung stets die Fenster zu öffnen, insbesondere wenn Essig erhitzt wird. Der starke Geruch kann Husten hervorrufen und die Augen reizen.
• Essig mit 10 % Säure darf niemals auf Marmoroberflächen verwendet werden.

☞ Hätten Sie es gewusst?

Spritessig wird industriell durch die Essigsäurebildung von Rüben- oder Maisalkohol hergestellt. Das Paradox ist, dass Essig ein industriell hergestelltes Produkt ist, das jedoch zu 100 % natürlich und umweltfreundlich ist, denn er baut sich schnell ab und hinterlässt in der Umwelt keinerlei Spuren.

Natron und Essig vorrätig zu haben ist ein erster Schritt, sie im Alltag zu verwenden ist noch besser. Damit alles gelingt und chemische Mittel endgültig durch natürliche ersetzt werden können, kann man Fettlöser, Reinigungs- und Desinfektionsmittel selbst herstellen.

MEINE PRODUKTE: NATÜRLICH SELBST GEMACHT

DAS HANDBUCH DES PERFEKTEN ALCHEMISTEN

Der Vorteil einiger Naturprodukte liegt darin, dass sie sich gut mischen lassen. Doch bitte nicht den Zauberlehrling spielen, es gilt gewisse Regeln zu beachten.

▸ Lassen Sie Vorsicht walten

Ob Naturprodukte oder nicht, halten Sie die Sicherheitsregeln ein, um Unfälle zu vermeiden.

• Wenn Sie Wasch- oder Reinigungsmittel herstellen, verwenden Sie zur Aufbewahrung niemals Getränkeflaschen oder bedruckte Lebensmittelverpackungen. In großen Mengen eingenommen, können sie giftig sein. Nehmen Sie lieber leicht erkennbare Flaschen für Haushaltsprodukte.

• Kennzeichnen Sie sorgfältig und lesbar die hergestellten Produkte. Führen Sie die Inhaltsstoffe auf. Wenn jemand anderes sie verwendet, muss er wissen, was sie enthalten.

• Datieren Sie das hergestellte Produkt. Die Aufbewahrungszeiten unterscheiden sich je nach Produkt.

• Versuchen Sie nicht, Zeit zu sparen, indem Sie die Produkte mischen. Dabei kommt meist nichts Gutes heraus und es können gefährliche chemische Reaktionen (z. B. giftige Dämpfe) entstehen.

• Ob gefährlich oder nicht, lagern Sie Haushaltmittel stets außerhalb der Reichweite von Kindern und Haustieren. Ideal ist, sie ob in einem Schrank aufzubewahren.

▸ Vorsicht bei ätherischen Ölen

Öle müssen mit Vorsicht verwendet werden. Es gilt, die Nutzungsregeln einzuhalten (Handschuhe tragen, direkten Hautkontakt vermeiden, Dosierung beachten), ansonsten können sie schnell giftig und schädlich werden. Außerdem sollte sie nicht bei Allergikern, Kindern und Haustieren angewendet werden.

▸ Kleiner Herstellungstipp

Lernen Sie wie ein Koch das Rezept auf Ihren Bedarf auszurichten. Passen Sie die Dosis an, um eine gute Qualität und die richtige Textur zu erhalten. Großmutters Tipps sind keine richtige Wissenschaft sondern das Ergebnis zahlreicher Versuche und Erfahrungen.

FÜR DIE WÄSCHE

Selbstgemachtes Waschmittel hat nur Vorteile, es ist wirkungsvoll, gut für die Waschmaschine und wirtschaftlich. Nachteil: Man muss es selbst herstellen. Doch hat man sich einmal daran gewöhnt, gibt es kein Zurück mehr.

▶ Weichspüler

Sie brauchen:
- 30 dl Essig (z. B. Tafelessig)
- 1/2 l Wasser
- 2 Esslöffel Natron
- 15 Tropfen ätherisches Öl (Lavendel- oder Teebaumöl)

Die Zutaten in einem Behälter mischen, bis eine homogene Flüssigkeit entsteht. In eine gereinigte, trockene Flasche umfüllen. Dosierung: Eine Kappe für eine Maschine mit 5 kg.

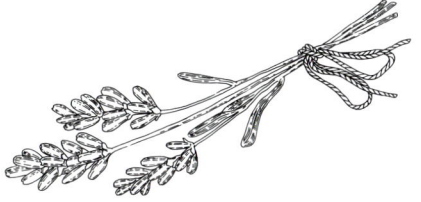

▶ Waschmittel aus Asche

Sie brauchen:
- 4 Gläser kalte Asche
- 2 l Wasser
- 6–7 Tropfen ätherisches Lavendelöl (Vorsicht bei Allergien)

Kochen Sie das Wasser und die Asche 10 Minuten lang in einem Topf. Vom Herd nehmen, abdecken und 24 Stunden ruhen lassen. In einen alten Waschmittelbehälter füllen (er muss gereinigt und trocken sein), die Mischung mithilfe eines feinen Tuchs oder Stoffes filtern, damit nur die Flüssigkeit übrig bleibt. Als Dosierung geben Sie ein Senfglas voll in die Waschmaschine.

❶ ACHTUNG: Die Asche aufbereiten. Nehmen Sie keine Kohleasche, Asche von bemaltem oder behandeltem Holz. Sie muss von trockenem, unbehandeltem Holz stammen. Die Holzasche vor der Verwendung sieben, damit nur ein feines Pulver übrigbleibt und sämtliche Abfälle und Rückstände, die Kratzer und Schäden verursachen könnten, aussortiert sind.

▶ Waschmittel aus Efeublättern

Efeublätter beinhalten Saponine (5 bis 8 %), Tenside, die reinigende und schäumende Eigenschaften besitzen.

Sie brauchen:

- **30 bis 50 Blätter Kletterefeu**
- **1 l Wasser**
- **1 Löffel Percarbonat**

Die Blätter mit klarem Wasser waschen. Zerreiben oder klein schneiden und in einen Topf geben. Wasser hinzufügen, abdecken, zum Kochen bringen und ca. 15 Minuten kochen. Bei mittlerer Hitze das Percabonat hinzugeben und rühren, bis es vollständig aufgelöst ist. Vom Herd nehmen. Das Ganze abgedeckt über Nacht stehen lassen. Durch ein mit einem feinem Tuch ausgelegtes Sieb filtern, dabei die Blätter gut ausdrücken, um alle aktiven Stoffe abzusondern. In eine Flasche umfüllen, die Sie zuvor beschriftet haben. Verwenden Sie ein Senfglas voll pro Waschgang.

❶ **ACHTUNG:** Efeubeeren sind für den Menschen giftig, verwenden Sie nur die Blätter. Ihr Saft kann zu Hautreizungen führen, daher sollte man bei der Zubereitung Handschuhe tragen.
- Wenn Sie schwanger sind, das Waschmittel während der gesamten Schwangerschaft nicht verwenden.
- Nicht einnehmen.
- Fragen Sie im Zweifelsfall einen Fachmann.

▶ **Waschmittel aus Savon de Marseille**

Sie brauchen:

- **3 l Wasser**
- **150 g Savon de Marseille, gerieben oder Späne**
- **1 Tasse Waschsoda**
- **1 Teelöffel ätherisches Lavendel-, Orangen- oder Teebaumöl (Vorsicht bei Allergien)**

Das Wasser zum Kochen bringen, dann die geriebene Seife und das Waschsoda hinzufügen. Bei niedriger Flamme rühren, bis sich alles vollständig aufgelöst hat. Vom Herd nehmen und erkalten lassen. Öl dazugeben, um dem Ganzen etwas Frische zu verleihen.

Ist die Mischung zu kompakt, strecken Sie sie mit lauwarmem Wasser, sie muss sämig sein.

Ein Senfglas voll pro Waschgang in die Waschmaschine geben, die Flasche vorher schütteln.

FÜR DAS GESCHIRR

Es ist das Haushaltmittel, das am meisten verwendet wird. Chemische Produkte, Bleichmittel … Zu wenig für uns. Es lebe die Natur!

▸ **Flüssigspülmittel aus Savon de Marseille**

Für 500 ml braucht man:

- 20 g Savon de Marseille
- 1/3 l Wasser
- 1 Teelöffel Natron
- 1 Esslöffel Spritessig
- 4 Tropfen ätherisches Teebaum-, Zitronen- oder Lavendelöl, usw.

Die Seife in eine Schüssel reiben, das Wasser zum Kochen bringen, vom Herd nehmen und die Seife dazugeben. Die Mischung rühren, bis die Späne völlig aufgelöst sind. Erkalten lassen. Natron und dann Spritessig hineingeben. Vorsicht, es erfolgt eine chemische Reaktion: Die Flüssigkeit schäumt stark. Zum Parfümieren einige Tropfen Öl dazugeben. In eine gereinigte, trockene Spülmittelflasche füllen.

TIPP

Ganz weiche Hände

Damit Ihre Hände nicht austrocknen, geben Sie ein oder zwei Teelöffel Honig oder Aloe Vera hinzu.

▸ **Flüssigspülmittel aus Schmierseife**

Sie brauchen:

- 3/4 l Wasser
- 2 Teelöffel Natron
- 3 Esslöffel Schmierseife
- 3 Esslöffel Waschsoda
- 10 Tropfen ätherisches Teebaum-, Lavendel- oder Zitronenöl

Das Wasser zum Kochen bringen. Bei mittlerer Hitze die Seife hinzugeben und umrühren, bis sie sich aufgelöst hat. Von der Herdplatte nehmen und Natron und dann Waschsoda hinzugeben. Vorsicht, chemische Reaktion! Nach dem Erkalten das Öl hinzufügen und in eine gereinigte, trockene Flasche geben.

❶ ACHTUNG: Dieses Mittel schäumt nicht und wird in kleinen Mengen verwendet. Zwei Teelöffel reichen für ein großes Spülbecken aus.

Glänzend!

TIPP

Damit Ihr Geschirr glänzt, genügt es, einen oder zwei Teelöffel Spritessig in das Spülwasser zu geben.

▶ **Spülmaschinenpulver**

Sie brauchen:

- 3 vorzugsweise unbehandelte Zitronen
- 200 g grobes Salz
- 100 ml Spritessig
- 200 ml Wasser

Die Enden der Zitronen abschneiden und dann in Scheiben schneiden. Mit dem Salz im Mixer fein zerkleinern. Die Mischung in einen Topf geben und Essig und Wasser hinzufügen. 15 Minuten lang bei mittlerer Hitze kochen lassen, regelmäßig umrühren. Vom Herd nehmen und erneut 20 Sekunden mixen. Erkalten lassen und in eine gereinigte, trockene Waschmittelflasche umfüllen. Dosierung: Ein gehäufter Esslöffel in die Spülkammer der Spülmaschine.

☞ Hätten Sie es gewusst?

Den Klarspüler können Sie durch Spritessig ersetzen.

ZUM SCHEUERN UND ENTKALKEN

Man muss kein Vermögen ausgeben: Mit einigen sorgfältig ausgewählten und gemischten Zutaten entfernen Sie Spuren und Flecken.

▶ **Scheuerpaste aus Zahnpasta**

Sie brauchen:

- 1 Esslöffel weiße Tonerde
- 2 Teelöffel Natron
- 1/4 Teelöffel feines Salz
- 1/2 Glas Wasser

Das Wasser zum Kochen bringen, vom Herd nehmen und erkalten lassen. Dann die weiße Tonerde, das Natron und das Salz zum abgekochten Wasser geben und alles mischen, bis eine sämige Paste entsteht.

▶ Scheuercreme
Sie brauchen:
- 8 Esslöffel Natron
- 2 Esslöffel Spritessig
- 5 Tropfen ätherisches Zitronen- oder Bergamotteöl
- 5 Tropfen ätherisches Orangenöl

Das Natron in eine kleine Flasche geben, anschließend den Essig und dann die Öle hinzufügen.

❶ ACHTUNG: Es entsteht eine chemische Reaktion, die Mischung beginnt zu schäumen. Keine Panik, das ist normal. Dennoch sollten Sie die Mischung sorgfältig in einem belüfteten Raum mit geöffnetem Fenster zubereiten.

▶ Der WC-Reiniger
Sie brauchen:
- 2 Esslöffel flüssige Schmierseife
- 6 Esslöffel Natron
- 2 Gläser Spritessig
- 8 Gläser Wasser
- 1 Teelöffel ätherisches Öl Ihrer Wahl

Die Zutaten in einem Eimer mischen. Vorsicht, chemische Reaktion, warten Sie, bis sich die Mischung wieder beruhigt hat. Geben Sie sie dann in eine gekennzeichnete Sprühflasche.
Die Mischung nach Bedarf ins gesamte WC sprühen, einige Minuten einwirken lassen und anschließend abspülen.

---◆---

ZUM FETTLÖSEN

Sie können auf allen Oberflächen verwendet werden und sind sowohl mild als wirksam.

▶ Das Mehrzweck-Desinfektionsmittel
Sie brauchen:
- 1 l Wasser
- 1 kleines Glas Spritessig
- 2 Esslöffel Natron
- 1 Esslöffel ätherisches Teebaum-, Zitronen oder Lavendelöl, nach Wahl

Das Wasser zum Kochen bringen, vom Herd nehmen, Essig und Natron zugeben. Vorsicht, chemische Reaktion. Arbeiten Sie stets in belüfteten Räumen. Warten, bis sich die Mischung beruhigt hat, das Öl untermischen und alles in ein gereinigtes, trockenes Fläschchen geben. Beschriften.

▶ Bohnerwachs

Sie brauchen:

- 3 Esslöffel Terpentin
- 5 Esslöffel Spritessig
- 4 Esslöffel Olivenöl

Mischen Sie die Zutaten und tragen Sie sie dann mit einer Bürste oder einem Lappen auf.

▶ Der Allesreiniger

Sie brauchen:

- 1 l Wasser
- 2 Esslöffel flüssige Schmierseife
- 1 Teelöffel Natron
- 5–6 Tropfen ätherisches Lavendel-, Zitronen oder Minzöl

Mischen Sie die Zutaten und geben Sie das Ganze zur leichteren Anwendung in eine Sprühflasche.

▶ Reiniger für Fliesen und beschichtete Flächen

Sie brauchen:

- 80 cl flüssige Schmierseife zur Fettentfernung und zum Reinigen
- 50 cl Leinöl für Pflege und Glanz
- 50 cl Wasser
- 30 Tropfen ätherisches Teebaumöl zur Bakterienbekämpfung

Mischen Sie die Zutaten und geben Sie alles in einen 2 l-Kanister. Dosieren Sie eine Verschlusskappe auf 2 l Wasser für saubere, desinfizierte und glänzende Böden.

▶ Fensterreiniger

Sie brauchen:

- 40 cl Spritessig
- 10 cl Wasser
- 5 Tropen ätherisches Teebaumöl

Die Zutaten in einer Sprühflasche mischen, fertig ist der Fensterreiniger.

FÜR GUTE LUFT

Zitrusfrüchte verleihen Ihrem Haus einen dezenten Duft, Natron ist Meister im Absorbieren von Gerüchen und Spritessig mit 10 % Säure sucht bei der Desinfektion seinesgleichen. Probieren Sie es aus, Sie werden begeistert sein.

▶ **Der zitrusfrische Geruchshemmer**

Sie brauchen:

- 1 Teelöffel (5 ml) Natron
- 2 Tassen warmes Wasser
- 1 Teelöffel (5 ml) Zitronensaft

Mischen Sie alles in einer Flasche mit Sprühaufsatz. Vor jedem Gebrauch schütteln und dann versprühen.

▶ **Der Lufterfrischer**

Sie brauchen:

- Geriebene Schalen von 3 Orangen und 1 Zitrone oder umgekehrt
- 1/4 l Spritessig

Geben Sie die Schalen in ein großes Vorratsglas, das luftdicht verschlossen werden kann. Bedecken Sie sie mit dem Essig. Schließen und ungefähr 10 Tage lichtgeschützt ziehen lassen. Schütten Sie die Mischung durch einen Kaffeefilter, um die Unreinheiten und die Schalen auszusortieren. Geben Sie das Ganze in eine sorgfältig gekennzeichnete Sprühflasche.

 TIPP

Reinigungstücher selber herstellen

So können Sie „frische" Flecken schnell behandeln. Die Stofftücher nach der Anwendung einfach waschen und den Vorgang wiederholen:

In einer Schüssel 3 Esslöffel Spritessig, 1 Esslöffel flüssige Schmierseife oder Savon de Marseille und 2 Tassen Wasser mischen. Etwa 20 vorher auf 10 x 10 cm zugeschnittene Stoffstücke aus weißer Baumwolle hinein tauchen. Die Tücher mindestens eine Stunde in der Flüssigkeit tränken. Anschließend nehmen herausnehmen und vorsichtig auswringen. Zusammenfalten und in einem luftdicht verschlossenen Behälter aufbewahren, damit sie nicht austrocknen.

Weil das Wohnzimmer anders geputzt wird als das Schlafzimmer oder die Küche, gilt es methodisch vorzugehen. Ein guter Weg, damit Ihr Haus in Rekordzeit glänzt.

JEDEM RAUM SEINE EIGENE PFLEGE

WÄSCHE

Wäsche ist wie eine zweite Haut. Es kommt nicht in Frage, sie verschmutzen oder ausbleichen zu lassen. Diese Kleinigkeiten lassen sie wieder frisch aussehen.

Jede Woche

▶ **Ein kraftvolles Waschmittel**
Sie haben es hergestellt (siehe „Natürlich selbst gemacht"), dann verwenden Sie Ihr hausgemachtes Waschmittel ruhig: Ihre Wäsche wird umso schöner.
• **Blut-, Butter- oder Ölflecke?** Den Fleck entfernen, bevor Sie die Wäsche in die Maschine geben, sonst wird er durch das warme Wasser fixiert.
• **Ihr Kind kommt schwarz wie ein Schornsteinfeger nach Hause?** Geben Sie dem Waschmittel eine Handvoll Waschsoda hinzu, das verstärkt die Waschkraft.
• **Damit Ihre Laken so weiß wie früher werden,** geben Sie beim letzten Spülgang auf 5 kg Wäsche 300 g Natron in die Spülkammer.
• **Weichspüler?** Spritessig eignet sich gut als Weichspüler, doch der Geruch ist nicht besonders. Parfümieren Sie den Essig mit Zitrusschalen. Lassen Sie die Schale von 2 Zitrusfrüchten (Zitrone, Orange) in einem luftdicht verschlossenen Behälter mit 3 Gläsern Essig (10 % Säure) über Nacht ziehen. Die Schalen entfernen und in ein Fläschchen filtern – fertig. 2 Esslöffel davon in die Weichspülkammer und Ihre Wäsche verströmt einen frischen Duft.

• **Für stets saubere Wäsche und eine geschützte Maschine,** entkalken Sie diese regelmäßig. Dazu lassen Sie sie leer bei 60°C laufen und geben 1/2 l Spritessig in die Spülkammer.

TIPP

Kampf den einzelnen Socken

Sie haben keine Wäschenetz? Dann geben Sie Socken in einen Kopfkissenbezug.

Der Kopfkissentest

Das Kopfkissen falten und einen in Plastik verpackten Schuh darauflegen. Wenn sich das Kopfkissen von selbst auseinanderfaltet, können Sie noch eine Zeit lang darauf schlafen. Es bleibt gefaltet? Dann ist es Zeit für einen Wechsel.

Alle drei bis sechs Monate

▶ **Alles für mein Bett**
• **Ein Federbett muss regelmäßig gewaschen werden,** sonst nisten sich Milben ein. Zum Schlafen kuschelt man sich rein, doch man schwitzt auch. Synthetik-Bettwäsche kann in der Waschmaschine gewaschen werden, schwieriger sieht es mit Federbetten aus. Damit die Federn nicht verkleben, geben Sie zwei Tennisbälle in die Waschmaschinentrommel. Zum Trocknen sollten Sie in den Waschsalon um die Ecke gehen. Die XXL-Trockner sorgen für ausreichende Belüftung, damit sich die Federn voneinander lösen und nicht beim Trocknen schimmeln.
• **Die Kopfkissen nicht vergessen!** Synthetik-Kissen alle drei Monate waschen, Federkissen ein- bis zweimal pro Jahr. Damit Kissen aus Latex oder Kaltschaum er-

halten bleiben, die nicht gereinigt werden können, weil sie sonst die Form verlieren oder das Material zerstört wird, sollten Sie diese regelmäßig mit einer trockenen Bürste abbürsten und in einen Bezug geben.

❖

KÜCHE

Lange Zeit war das Esszimmer das Herz des Hauses, wird aber heute nicht mehr in dem Maße genützt. Als Folge davon hat sich die Küche als Mittelpunkt und Zentrum des Hauses etabliert. Die Kinder machen dort ihre Hausaufgaben, dort arbeitet man, empfängt Freunde … Ergebnis: Sie ist der Raum, in dem am meisten Schmutz anfällt.

Jede Woche

Lassen Sie Flecken auf keinen Fall verkrusten. Je länger Sie warten, desto schwieriger wird die Entfernung. Einige unverzichtbare Handgriffe, damit Ihre Küche stets glänzt.

▶ **Glänzende Fliesen**
• **Neuer Glanz für Ihre Fliesen.** Reiben Sie sie mit einer Paste ein, die zur Hälfte aus Wasser und aus Natron besteht. Eine Stunde einwirken lassen, mit klarem Wasser abspülen.

• **Sie haben Kartoffeln gekocht?** Das Kochwasser ist ein wunderbarer Reiniger für Fliesen. Das sehr warme Wasser auf die Fliesen schütten (Verbrühen Sie sich nicht!), das Ganze mit einer Naturhaarbürste abreiben, zehn Minuten warten, bis die Stärke das Fett aufsaugt, mit klarem Wasser nachspülen und trocknen lassen.

▸ **Glänzendes Chrom**
• **Um Chrom zu entkalken,** reiben Sie ihn mit einer halben Zitrone ein. 10 Minuten einwirken lassen, abspülen, trocknen. Der Kalk ist hartnäckig? Geben Sie Salz auf die Zitrone.
• **Damit Chrom glänzt und vor Kalk geschützt ist,** Schlämmkreide und Spiritus mischen. Die Paste mit einem Pinsel auftragen, 15 Minuten trocknen lassen und mit Wasser abspülen. Hat sich Kalk auf den Rändern festgesetzt, mit einer alten Zahnbürste abbürsten, die Sie mit Ammoniak, Spritessig oder dem Saft einer halben Zitrone getränkt haben.

• **Damit es wieder glänzt,** einen mit Mehl bestäubten Lappen verwenden. Nicht abspülen, sonst entsteht eine klebrige Paste.
• **Ein kleiner Rostfleck?** Reiben Sie ihn mit einer durchgeschnittenen Zwiebel ein.

▸ **Eine saubere Anrichte**
Egal, ob aus Edelstahl, Glas oder Fliesen, damit Fettspritzer verschwinden gibt es nichts Besseres, als sie einfach mit einem mit Schmierseife getränkten Schwamm abzuwischen. Damit sich das Fett nicht verteilt, mit kreisenden Bewegungen von außen nach innen wischen. Wenn das Fett entfernt ist, mit Essigwasser nachspülen und die Fläche mit einem Mikrofasertuch trocknen.

💡 **TIPP**

Rostflecken auf Fliesen entfernen

Zitronensaft auf den Fleck geben und feines Salz darauf streuen. Eine Stunde einwirken lassen, mit einer harten Bürste abreiben und mit klarem Wasser nachspülen.

TIPP

Emaille zum Glänzen bringen

Die Seiten mit einem weichen, mit Terpentin getränkten Tuch abreiben. Nur nachspülen, wenn der Geruch Sie stört.

▸ Ein stets sauberes Spülbecken

• **Besteht es aus Acryl,** genügt ein mit Seifenwasser oder Spülmittel getränkter Schwamm, damit Fett verschwindet. Mit klarem Wasser nachspülen und mit einem fusselfreien Tuch trocknen. Es ist nicht sauber genug? Die Seiten und den Boden mit einer halben Zitrone abreiben, drei Minuten einwirken lassen, abspülen und mit einem fusselfreien Tuch trocknen. Hartnäckige Kalkflecken? Da hilft Schmierseife. Eine haselnussgroße Menge in eine kleine Schüssel lauwarmen Wassers geben, mit leichtem Druck einreiben, einwirken lassen, abspülen und mit einem trockenen und weichen Tuch trocknen.

❶ **ACHTUNG:** Scheuermittel sind nichts für Spülbecken, Waschbecken und Badewannen aus Acryl.

• **Ist es aus Emaille,** dann muss Natron her. Geben Sie es auf einen Schwamm und reiben Sie damit die schwarzen Streifen auf dem Boden und den Wänden ein, sobald Sie eine Pfanne oder einen Kochtopf gewaschen haben.

Damit der Gelbschleier verschwindet und die Emaille ihre ursprüngliche weiße Farbe zurück erhält, reiben Sie die Wände mit einer halben Zitrone ein. Fünf Minuten einwirken lassen, mit klarem Wasser abspülen und mit einem trockenen, fusselfreien Lappen nachreiben.

• **Ist es aus Edelstahl,** müssen Sie aufpassen, dass Sie es nicht verkratzen. Reiben Sie die Wände mit einem Tuch ein, das mit einer Mischung aus Tafelöl und Zitronensaft getränkt wurde. Bringen Sie es mit einem Mikrofasertuch zum Glänzen. Für eine per-

☞ Hätten Sie es gewusst?

Ihr Edelstahlbecken wird matt und sauber wie am ersten Tag, wenn Sie einen großen Esslöffel Mehl hineinstreuen. Wenn Sie dann mit einem weichen Tuch polieren, wird es wieder seidenmatt und rein.

fekte Reinigung und mehr Glanz formen Sie eine Kugel aus Küchenpapier (3 Blätter), tränken Sie diese mit Spritessig und einigen Tropfen Tafelöl und reiben Sie das Becken damit ein. Damit die unschönen schwarzen Flecken verschwinden, reiben Sie diese mit einem mit Schmierseife, Pinien- und Glyzerinöl getränkten Schwamm ein.

▶ Ein leistungsfähiger Backofen

Sind die Wände des Backofens schmutzig, mischen sich schlechte Gerüche mit dem Aroma Ihrer Gerichte. Die noch lauwarmen Wände mit einem feuchten mit Schmierseife getränkten Schwamm einreiben, über Nacht einwirken lassen und abspülen. Ein wenig Natron hilft, Verschmutzungen zu lösen, den Herd zu desinfizieren und schlechte Gerüche zu beseitigen.

· **Sie brauchen eine schnelle Reinigung?** Eine Verschlusskappe flüssige Schmierseife mit warmem Wasser mischen, in eine Sprühflasche geben und sprühen. Etwa 30 Minuten einwirken lassen und dann gut mit einem feuchten Schwamm abspülen. Damit sich auf den Wänden keine Fettschicht bildet, beenden Sie den Reinigungsvorgang mit einem mit Spritessig getränkten Schwamm.

▶ Ein glänzender Gasherd

· **Wenn die Brenner plötzlich ausgehen,** ist es Zeit, den Belag zu entfernen. Weichen Sie sie über Nacht in einem Becken mit Essig ein, reinigen sie anschließend mit klarem Wasser und trocken sie sorgfältig ab.

· **Angebranntes ist verkrustet?** Legen Sie mit Spritessig getränkte Küchentücher rund um die Kochstellen. Lassen Sie die Flüssigkeit über Nacht einwirken und Sie werden überrascht sein: Sie können sämtliche Ablagerungen einfach lösen.

· **Damit der Gasherd wieder glänzt,** einige Tropfen Spritessig auf einen Schwamm mit Seifenwasser geben und damit den Herd reinigen.

▶ Glattes Linoleum

Holz-, Beton-, Steinimitation, Verkleidungen aus Kunststoff oder PVC sehen schön aus, solange sie nicht fleckig oder trübe sind. Waschen Sie sie mit Wasser unter der Zugabe von Spritessig und Savon de Marseille ab.

• **Um hartnäckige Flecken (Kaffee, Wachs …) zu entfernen,** benötigen Sie Natron. Den Fleck bestäuben und mit einem feuchten Schwamm abreiben. Abspülen und trocknen.

• **Damit Linoleum glänzt,** mischen Sie zwei geschlagene Eigelb mit einem Liter Wasser. Gleichmäßig auftragen. Ohne Abspülen trocknen lassen.

❶ ACHTUNG: Diese Beschichtungen vertragen keine scheuernden Mittel wie Eau de Javel, Aceton oder gar Schmierseife, die zu stark sind und sie klebrig machen würde.

▸ **Einwandfreie Herdplatten und Kochfelder**

• **Die schnellste Lösung für glatte und glänzende Kochplatten?** Putzstein! Einen feuchten Schwamm tränken, die Kochplatten einreiben, abspülen und mit einem weichen Tuch nachreiben. Sie haben keinen Putzstein? Mischen Sie einen Teelöffel Spritessig mit zwei Löffeln Spülmittel. Damit einen feuchten Schwamm tränken, reiben, abspülen und mit einem weichen Tuch trocknen. Der Essiggeruch stört Sie? Verwenden Sie Schmierseife. Eine haselnussgroße Menge auf einem feuchten Schwamm. Trocknen lassen und mit einem weichen Tuch nachreiben.

Zieht noch oder nicht? 💡 TIPP

Sie möchten wissen, ob Ihre Dunstabzugshaube noch zieht? Machen Sie sie an und legen Sie ein Küchentuch darunter. Bleibt es haften, müssen Sie nicht reinigen oder die Filter austauschen, die Haube zieht noch gut. Es fällt herunter? Dann müssen Sie handeln.

• **Bei hartnäckigen Flecken** sollte man diese am besten mit Schmierseifenpaste bedecken und je nach Größe 5, 10 oder 15 Minuten einwirken lassen. Dann vorsichtig mit einem speziellen Schaber für Cerankochfelder* loskratzen, mit klarem Wasser reinigen und den Vorgang mit einem mit Spritessig getränkten Schwamm beenden.

* wird in der Regel mit dem Kochfeld geliefert. Ansonsten kann man den Schaber in Drogerien kaufen.

▸ **Eine glänzende Arbeitsplatte**

Reinigen Sie sie mit einem mit Putzstein getränkten Schwamm. Da der Putzstein leicht scheuernd ist, ist er ideal, um sämtliche kleinen Verschmutzungen zu entfernen, die sich im Laufe der Tage ansammeln. Mit einer Mischung aus Essigwasser (1/3 Essig und 2/3 Wasser) reinigen, damit sie glänzt.

• **Sind die Fugen grau,** nehmen Sie eine Zahnbürste, bestreuen diese mit Natron und bürsten darüber – fertig. Das müssen Sie nicht jeden Tag machen, alle drei Monate reicht völlig aus.

Jeden Monat

Eine gute Pflege sorgt dafür, dass Ihre Haushaltselektrogeräte gut funktionieren und länger halten. Also nutzen Sie das Ende eines ruhigen Wochenendes, um diese unerlässlichen und doch oft vernachlässigten Arbeiten durchzuführen.

▶ **Eine fettfreie Dunstabzugshaube**
Entfernen Sie mit einem Schwamm mit flüssiger Schmierseife Fett von den Seiten der Dunstabzugshaube. Waschen Sie den Schwamm regelmäßig aus. Mit klarem Wasser nachwischen und die Fläche mit einem Mikrofasertuch abtrocknen. Bevor Sie die Roste in die Spülmaschine geben, weichen Sie sie in warmem Seifenwasser oder in Soda ein, abspülen. Es sind noch Fettflecken da? Bürsten Sie sie mit einer Bürste und flüssiger Schmierseife ab.

💡 TIPP

Schluss mit schlechten Gerüchen

Um unangenehme Gerüche im Kühlschrank zu beseitigen, legen Sie drei oder vier Korken in den Ecken aus: Sie absorbieren die Gerüche.

▶ **Kühlschrank und Gefrierschrank in Top-Zustand**
Ihr Kühlschrank ist leer? Dann los: Waschen Sie die Seitenwände und die Gitter (Unterseiten nicht vergessen) mit einem Schwamm und Essigwasser (halb Essig, halb lauwarmes Wasser) ab. Nicht nachspülen. Der Kühlschrank ist sauber und kann gefüllt werden. Waschen Sie Essigreste mit einem Schwamm und flüssiger Schmierseife ab. Sie brauchen nicht nachzuspülen, trocknen Sie die Seitenwände mit einem fusselfreien Tuch.

▶ **Verstopfter Abfluss, Vorsicht vor schlechten Gerüchen**
Nach und nach setzen sich in den Abflussrohren des Spülbeckens Abfallreste ab und schlechte Gerüche lassen nicht auf sich warten. Um dies zu verhindern, einfach ein Glas Waschsoda oder Natron, ein Glas grobes Salz und ein Glas Essig mischen. In den

Siphon geben und eine Stunde einwirken lassen. Mit kochendem Wasser nachspülen.

Alle drei bis sechs Monate putzen

▸ **Ein geruchsfreier Siphon**

Um schlechte Gerüche zu vermeiden, müssen Sie den Siphon aufschrauben und leeren. Das geht einfach von Hand. Stellen Sie vor dem Aufschrauben eine Wanne unter, um das Wasser aufzufangen. Reinigen Sie Siphon, Gewindegänge und Dichtung mit Schmierseife, stecken Sie das Gewinde zurück auf den Siphon und schrauben von Hand zu, indem Sie fest zuziehen, ohne jedoch zu übertreiben, um das Gewinde nicht zu beschädigen.

👉 Hätten Sie es gewusst?

Um zu prüfen, ob der Siphon dicht ist, legen Sie ein Küchentuch darunter und lassen Sie den Wasserhahn laufen. Falls auch nur ein Tropfen darauf landet, schrauben Sie den Siphon los und stellen Sie sicher, dass Gewinde und Gewindegänge sauber sind.

Schluss mit Flecken

Zur Beseitigung der meisten Flecken genügt es, sie mit einer Mischung aus zwei Esslöffeln Zitronensaft und einem Liter Wasser abzureiben.

Einmal im Jahr

▸ **Glänzende Terrakotta-Fliesen**

Für die alltägliche Reinigung genügt das Putzen mit dem Mikrofasertuch und einem Eimer mit flüssiger Schmierseife. Doch mit der Zeit verlieren Terrakotta-Fliesen ihren Glanz. Ein- bis zweimal im Jahr sollten Sie sie mit der Bürste und mit einer Mischung aus lauwarmem Wasser und Waschsoda oder mit Natron gründlich reinigen. Sobald sie wieder glänzen, bürsten Sie sie erneut, nun tauchen Sie jedoch die Bürste in einen Eimer mit warmem Wasser und weicher Schmierseife (1 Teelöffel auf 1/2 l Wasser).

• **Damit sie wieder glänzen** warten Sie, bis sie vollständig trocken sind und streichen Sie sie anschließend mit Leinöl ein.

Je nach Bedarf

Regelmäßige kleine Putzaktionen ersparen einen langwierigen Großputz.

Ein Gasleck aufspüren

 **TIPP**

Ein leichter Gasgeruch durchzieht die Küche? Prüfen Sie, ob die Leitungen des Gasherds porös sind. Dazu 100 g Seifenspäne mit ein wenig Wasser mischen, bis eine fast klebrige Masse entsteht. Die Menge an Wasser und Seifenspäne variiert. Geben Sie diesen „Leim" mit der Hand oder einem Schwamm auf das Gasrohr. Ist ein Leck vorhanden, bilden sich Blasen.

▸ Ein sauberer Besen

Damit Ihr Besen nicht mehr Bakterien abgibt, als er Abfall einsammelt: Tauchen Sie ihn alle zwei Monate eine Stunde lang in einen Eimer mit warmem Wasser, einem Glas Ammoniak und einem halben Glas Schmierseife. Mit klarem Wasser reinigen.

▸ Eine fettfreie Fritteuse

• **Wenn Sie gerne sofort putzen:** Nehmen Sie das Rezept mit dem Essig (10 % Säure). Füllen Sie den Behälter, schalten Sie das Gerät an und kochen Sie den Essig auf. Abschalten, erkalten lassen und dann alles ausleeren. Entfernen Sie die Fettreste an den Seiten mit einem Schwamm und Spülmittel. Nachspülen und mit Küchenpapier trocknen.

❶ **ACHTUNG:** Öffnen Sie die Fenster, um in einem belüfteten Raum zu arbeiten, Essig kann Haut und Augen reizen.

• **Wenn Sie lieber das erkaltete Gerät putzen:** Verwenden Sie Mehl, dabei vermeiden Sie auch das Verbrennungsrisiko. Streuen Sie eine ausreichende Menge Mehl in den Behälter, es absorbiert das Fett. Alles eine Stunde oder länger einwirken lassen. Den Großteil mit Küchenpapier entfernen. Falls notwendig, den Vorgang wiederholen. Dann mit einem Schwamm und Seifenwasser reinigen, mit klarem Wasser nachspülen und trocknen.

▸ Einwandfreie Aluminiumtöpfe

• **Bei hartnäckigen Flecken** kochen Sie darin Rhabarber oder Sauerampfer!
• **Damit Ihre Aluminiumteile wieder glänzen,** reiben Sie sie mit einem Lappen und ein wenig Tafelöl, vermischt mit einigen Tropfen Spiritus ab.

▸ **Ein kalkfreier Wasserkocher**

Damit der Wasserkocher nicht verkalkt, legen Sie eine gewaschene und gebürstete Austernschale hinein. Der Kalk setzt sich auf der Auster und nicht an den Wänden des Wasserkochers ab.

DIELE

Sie wird beim Putzen oft vergessen und doch ist die Diele der erste Eindruck, den andere von uns erhalten. Sie sollte daher sauber sein.

Jede Woche

▸ **Der Fußabtreter**

Den Fußabtreter ab- und auch darunter zu saugen ist absolut notwendig. Versprühen Sie danach einige Tropfen Ihres selbstgemachten zitrusfrischen Geruchshemmers.

▸ **Der Türvorhang**

Als Schutz vor Lärm und Kälte ist er perfekt, doch die Kehrseite ist, dass schlechte Gerüche an ihm haften. Wenn möglich, waschen Sie ihn alle drei Monate in der Waschmaschine, wenn nicht, parfümieren Sie ihn, damit er frisch riecht. Ihr Vorhang ist zu kostbar, als dass Sie auch nur einen noch so kleinen Fleck riskieren können? Nicht einmal auf der Rückseite? Geben Sie einige Tropfen ätherisches Öl auf ein Stück Stoff und stecken Sie es oben am Saum fest.

WOHNZIMMER

Dank Heimkino, Spielekonsole usw. hat das Wohnzimmer das unfreiwillige Nebeneinander mit dem Esszimmer beendet und präsentiert sich nun als Ort der Kultur für die ganze Familie. Hier wird aufgetankt, man informiert sich, entspannt und wenn hier zu Abend gegessen wird, dann vor dem Fernseher. Wenn dieser Ort also ein Hafen der Ruhe bleiben soll, muss man ihn sorgfältig pflegen.

Jede Woche

▸ **Ein glänzend geölter Parkettboden**

Der geölte Parkettboden ist recht pflegeleicht. Achtung, Wasser ist verboten, es kann einen geölten Parkettboden grau werden lassen. Er muss lediglich regelmäßig mit einem leicht feuchten Mopp entstaubt werden.

TIPP

Hilfe, mein Parkettboden knarrt

Geben Sie Talk oder geschmolzenes Paraffin zwischen die Holzlatten. Einige Schreiner bieten Flocken aus Savon de Marseille an.

Damit er nicht gräulich aussieht, ölen Sie ihn etwa alle sechs Monate ein.

• **Verdammt, er hat Flecken.** Sofort wegwischen. Ist der Fleck bereits getrocknet, nehmen Sie einen angefeuchteten Schwamm und lauwarmes Wasser mit zwei Tropfen Schmierseife.

▶ Glänzendes, versiegeltes Parkett

• **Ihr versiegeltes Parket ist glanzlos und schmutzig?** Eine Verschlusskappe flüssige Schmierseife in warmem Wasser auflösen und mit einem feuchten Lappen reinigen, nachspülen und polieren.

• **Reinigen genügt nicht?** Einige Tropfen Essig dazu geben, nachspülen und schnell abwischen. Auf keinen Fall einen kratzenden Schwamm verwenden, der verkratzt das Parkett.

▶ Plexiglas und klarer Kunststoff

Sind Trendmaterialien, die man im ganzen Haus findet. Sie sind so schön wie Glas und sorgen aufgrund der vielen Farben für eine lockere Stimmung. Die Kehrseite ist, dass sie mit der Zeit glanzlos werden.

• **Damit der Glanz erhalten bleibt** genügt es, sie mit einem Schwamm und einer haselnussgroßen Menge Schmierseife oder Savon de Marseille zu reinigen. Abspülen und mit einem weichen Tuch polieren.

• **Statische Aufladung verhindern.** Je nach Qualität sorgen sie für statische Aufladung. Ergebnis: Obwohl gerade abgestaubt, setzt sich sofort wieder Staub ab. Reinigen Sie sie mit einem Schwamm und einer Mischung aus einer Tasse Spritessig, einem Esslöffel Schmierseife und zwei Tassen warmem Wasser. Sie brauchen nicht nachzuspülen. Trocknen lassen.

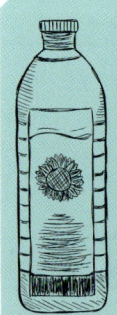

TIPP

Pflegeöl

Zum Schutz vor Wasser und Flecken, pflegen Sie Gegenstände aus Plexiglas oder Kunststoff mit einem Speiseöl. Trocknen lassen und polieren, bis alles glänzt.

▸ Ein Fernseher ohne Spuren

Ist der Staub entfernt, die Ränder mit einem fusselfreien, feuchten Tuch und Seifenwasser (eine haselnussgroße Menge Schmierseife auf einen Liter Wasser) und den Bildschirm mit ein wenig Spiritus reinigen.

Jeden Monat

▸ Klare Lampenschirme

Sie sind die Hauptlichtquellen und dennoch lässt man zu, dass sie trübe werden und verstauben. Dabei wird vergessen, dass das Licht dann weniger gut hindurchfällt.

• **Lampenschirme aus Stoff** können Sie einfach vorsichtig mit der Bürste des Staubsaugers absaugen. Kein Staubsauger zur Hand? Nehmen Sie den Föhn.

• **Der Stoff ist vergilbt?** Reiben Sie ihn mit einer Kugel aus Brot ab. Er ist fleckig? Duschen Sie ihn ab, seifen Sie ihn vorsichtig mit Wollwaschmittel ein und spülen Sie ihn ab. Mit einem sauberen Handtuch trocknen. Dies muss schnell gehen, damit sich der Kleber nicht löst.

• **Aus Glas oder Kunststoff?** Schrauben Sie ihn ab und reinigen Sie ihn mit Putzstein oder mit Natron, das Sie auf einen feuchten Schwamm gestreut haben. Mit klarem Wasser abspülen und mit einem trockenen, fusselfreien Tuch trocknen.

▸ Streifenfreie Lichtschalter

Um Fingerspuren auf Lichtschaltern, Türen und Fensterrahmen zu entfernen, reiben Sie sie mit einer durchgeschnittenen Kartoffel mit kreisrunden Bewegungen ab und wischen mit einem trockenen, fusselfreien Tuch nach.

❶ ACHTUNG: Schalten Sie den Strom ab, um Gefahren zu vermeiden.

▸ Glückliche Grünpflanzen

Ihre Pflanzen lassen die Blätter hängen? Und wenn dies am Staub liegt? Sammelt er sich auf Pflanzen, erstickt er sie nach und nach. Gewöhnen Sie sich an, Ihre Pflanzen einmal monatlich in der Badewanne oder der Dusche abzubrausen.

Reinigen Sie alle drei Monate alle Blätter einzeln mit einem Schwamm und einer Mischung aus einem Liter Wasser und Bier, Lebensmittelöl, Abschminklotion oder aber einem Teelöffel Natron.

❶ **ACHTUNG:** Natron darf nicht für das Gießen von Pflanzen im Innenbereich verwendet werden.

▸ **Klare Fensterscheiben**

Vergessen Sie sonnige Tage, um Fenster zu putzen. Dies führt zu Streifen und die Reiniger trocknen zu schnell. Denken Sie auch daran, Fenster von beiden Seiten zu putzen!

• **Entfernen Sie Streifen,** indem Sie sie mit einem leicht mit flüssiger Schmierseife (ein halber Verschlussdeckel auf einen Liter warmes Wasser) getränkten Schwamm einreiben, mit einem Fensterwischer ab-

Brot gegen Glasscherben

Zerbrochenes Glas? Sammeln Sie die winzigen, oft unsichtbaren Glassplitter mit einem Stück Toastbrot auf: Die Glassplitter bleiben an dem kompakten Brotteig kleben.

wischen und zum Schluss mit einem Mikrofasertuch nachreiben. Schmierseife ist praktisch, denn sie muss nicht systematisch abgespült werden.

Wussten Sie, dass es für Fenster nichts Besseres gibt als feuchtes Zeitungspapier? Das Geheimnis? Druckerschwärze ist ein hervorragendes Reinigungsmittel.

• **Fenster und Spiegel erhalten ihren Glanz zurück,** wenn sie mit einem Schwamm und Spritessig verdünnt mit ein wenig warmem Wasser gereinigt werden. Um Schlieren zu vermeiden, kreisförmig arbeiten und darauf achten, mit einem fusselfreien Tuch nach zu reiben.

Alle drei bis sechs Monate

▸ **Ein tadelloses Sofa**

• **Aus Leder.** Damit Ihr Ledersofa oder Ihr Ledersessel wieder weich wird und glänzt und dabei sogar die Flecken verschwinden, nehmen Sie einen fusselfreien Lappen und feuchten ihn etwas mit einer Mischung aus einem Esslöffel flüssiger Schmierseife auf 1/2 l Wasser an.

• **Hat es einen Stoffbezug,** dann reinigen Sie es mit einem feuchten, mit etwas Ammoniak getränkten Schwamm (2 Teelöffel auf 1 Liter Wasser): Dies lässt die Farben neu erstrahlen. Trocknen lassen.

▶ Lichtdurchlässige Gardinen

Nach den Fenstern sind die Gardinen an der Reihe. Sie schützen vor den Blicken der Nachbarn, verdunkeln aber auch den Raum. Damit sie wieder weiß werden, geben Sie sie bei 40°C in die Maschine und fügen Sie dem Waschmittel Zitronensaft und zwei Esslöffel Natron hinzu. Sie haben kein Natron zur Hand? Ein Päckchen Backpulver tut es auch. Hängen Sie die Gardinen feucht wieder auf, dann trocknen sie, ohne zu knittern.

▶ Ein sauberer Teppichboden

Er ist flauschig, aber auch ein Nest für Staub und Milben. Jede Woche saugen reicht nicht aus, man sollte ihn regelmäßig gründlich reinigen. Also, legen Sie Natronreserven an! Es ist wirksam gegen Milben, entfernt schlechte Gerüche und belebt die Farbe. Verteilen Sie es auf dem Teppich und lassen Sie es 2 Stunden einwirken. Dann mit dem Staubsauger absaugen.
Hartnäckige Flecken? Reiben Sie sie mit einer Naturhaarbürste und einer Mischung aus zwei Teilen Sprudel und einem Teil Spritessig ein.

▶ Strahlender Marmor

• **Für die Reinigung im Alltag** genügt ein feuchter Putzlappen und eine Mischung aus Schmierseife und lauwarmem Wasser (eine Verschlusskappe auf 1 1/2 l warmes

Weg mit den Abdrücken!

Falls die Füße eines Möbelstücks Abdrücke hinterlassen haben, legen Sie ein feuchtes Bügeltuch darauf und gehen Sie mit dem Bügeleisen darüber. Anschließend bürsten Sie ihn gegen den Strich. Die Abdrücke verschwinden.

Wasser). Spülen Sie ihn ab und bringen Sie ihn mit einem weichen Tuch und einen Tropfen Leinöl zum Glänzen.
• **Glanzlos und trübe?** Bereiten Sie eine Paste aus 2/5 Schlämmkreide, 1/5 Waschsoda und 2/5 Wasser zu. Eine dicke Schicht auf die Oberfläche auftragen, diese eine Stunde lang einwirken lassen und alles mit einem trockenen Tuch abreiben: Der Boden glänzt wieder.

▶ Königliche Teppiche

Unsere Vorfahren wuschen Teppiche einmal jährlich mit Schnee. Leider ist dies heute

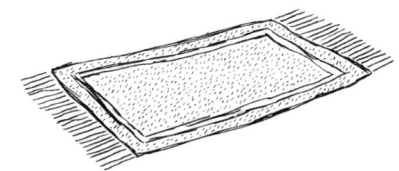

nicht immer möglich. Doch es geht auch anders. Sobald Sie den Teppich abgesaugt haben, reiben Sie ihn mit einer Bürste und trockener Schmierseife ein und spülen anschließend mit klarem Wasser nach.

• **Farben glänzen wieder,** wenn Sie geschnittene Gräser oder feuchte Teeblätter von gekochtem Tee ausstreuen. Rollen Sie den Teppich zusammen und stellen Sie ihn in einen trockenen und dunklen Raum. Saugen Sie anschließend die Gräser oder den Tee ab. Ein komplizierter aber wirkungsvoller Vorgang, der Zeit braucht.

❶ ACHTUNG:

• Teppichfarben sind nicht immer gut fixiert. Daher den Vorgang immer erst an einer verdeckten Stelle ausprobieren.

• Auf dem Teppich verschütteter gekochter Pflanzensaft (Kaffee, Tee, Safransoße usw.) kann als Farbstoff wirken. Den Fleck schnell mit Schmierseife einreiben und sorgfältig mit klarem Wasser auswaschen.

Einmal im Jahr

▶ Ein Kamin wie neu

Die Zeit der Holzfeuer ist vorbei? Nehmen Sie sich die Zeit und reinigen Sie den Ofen gründlich. Fegen Sie die Asche mit dem Handfeger zusammen (aufbewahren, sie ist nützlich!) und saugen Sie alles aus. Nun reinigen Sie die Wände mit einer Bürste mit harten Borsten und einer Mischung aus 1 Liter warmem Wasser und 3 Gläsern Spritessig.

Wie immer ist Natron ein Verbündeter. Die Seiten kann man mit einer feuchten Bürste und Natron abbürsten. Den Vorgang wiederholen, bis die Spuren verschwunden sind, nachspülen und trocknen.

• **Die Einfassung nicht vergessen!** Mit kreisrunden Bewegungen mit einer Bürste mit harten Borsten und einer Mischung aus 4 Esslöffeln flüssiger Schmierseife, 2 Esslöffeln Natron und 2 Liter Wasser abreiben. Mit klarem Wasser nachspülen, dann mit einem fusselfreien Tuch oder zusammengerolltem Zeitungspapier trocknen.

• **Die Scheibe des Ofeneinsatzes.** Damit Sie die Flammen bewundern können, darf die Scheibe des Einsatzes nicht verrußt sein. Damit man wieder hindurchsieht, nehmen Sie Asche aus Ihrem Kamin, aus der Sie vorher feste Teile aussortiert haben. Machen Sie eine Kugel aus Zeitungspapier, befeuchten Sie diese mit lauwarmem Wasser und

Anti-Rostmittel 💡 TIPP

Rostflecken entfernen: Mit einer halben Zwiebel einreiben und den Gegenstand anschließend mit Tafelöl einpinseln.

drücken Sie sie in die Asche. Reiben Sie die Zeitungskugel kreisförmig über die Scheibe des Einsatzes.

Spritessig und einige Gramm grobes Salz wirken auch sehr gut. Reiben Sie die Scheibe mit einem Schwamm mit dieser Mischung ab. Mit klarem Wasser nachspülen und mit einem fusselfreien Tuch abreiben.

• **Für die gusseiserne Kaminplatte** verwenden Sie eine Eisenbürste oder grobkörniges Schmirgelpapier, um den Ruß zu entfernen. Nehmen Sie extrafeine Stahlwolle, um sie blank zu scheuern. Damit die Platte wieder glänzt, reiben Sie sie mit einem Tuch und Vaselineöl ein.

▶ Staubfreie Bücher

Bücher regelmäßig mit der Staubsaugerbürste absaugen, damit sich kein Staub festsetzt. Entfernen Sie einmal im Monat die Gelbfärbung oder den Grauschleier, dazu das Buch fest gedrückt halten und den Schnitt mit einer Nagelfeile abreiben.

Je nach Bedarf putzen

▶ Glänzendes Silber

• **Damit Silber seine Farbe zurückerhält,** geben Sie Besteck, Platten oder Suppenschüssel etwa 5 Minuten in eine Wanne mit lauwarmem Wasser mit 4 Esslöffeln flüssiger Schmierseife. Ziselierungen mit einer weichen Zahnbürste reinigen. Sie müssen nicht nachspülen, reiben Sie die Silbersachen anschließend mit einem fusselfreien Tuch ab.

• **Unmöglich,** den silbernen Kerzenständer mit dem Kerzenimitat in Wasser einzuweichen? Die Silberteile mit einem feuchten Schwamm und einer haselnussgroßen Menge Schmierseifenpaste abreiben und mit einem weichen Tuch polieren.

❶ **ACHTUNG:** Verwenden Sie niemals die raue Seite eines Schwamms, so zerkratzen Sie Ihr Silber.

Schön unter allen Umständen

TIPP

• Eine regelmäßige Nutzung ist die beste Pflege für Ihr Silber. Um Anlaufen zu vermeiden, schützen Sie es vor Luft und Licht und wickeln sie es in Seidenpapier, Zeitungspapier oder schwarzen Wollfilz ein.

• Bewahren Sie Salzstreuer ohne Salzlöffel auf, denn Salz greift Silber an.

• Falls sich ein Eierfleck als hartnäckig erweist, reiben Sie ihn mit einer halben Zitrone ein und spülen Sie mit klarem Wasser nach.

(je nach Menge der zu reinigenden Teile) und sprudeln lassen. Durch ein Sieb geben und leicht abkühlen lassen. Die Paste durch ein fusselfreies Tuch auf die Bronze streichen und anschließend abwischen. Ideal ist, das Ganze in Holzwolle trocknen zu lassen. Das ist nicht ganz einfach, zugegeben. Einfacher ist es, Bronze mit einer Zahnbürste und Zitronensaft abzureiben. Mit klarem Wasser nachspülen, dann mit Bienenwachs zum Glänzen bringen.

▶ Glänzende Bronze

• **Im Alltag** genügt es, Gegenstände, Möbelfüße und sonstige Beschläge mit einem fusselfreies Tuch und Seifenwasser (1 Esslöffel Schmierseife auf 1 Liter lauwarmes Wasser) wieder zum Glänzen bringen. Sie brauchen nicht nachzuspülen, aber abtrocknen und polieren.

• **Bronze glänzt wieder,** wenn Sie es mit dem Kochwasser von Bohnen putzen.

• **Stark verschmutzt?** Bringen Sie Bronze mit einer Paste aus Bohnen oder Saubohnen einmal im Jahr wieder zum Glänzen. Zwei Handvoll Bohnen zum Kochen bringen

• **Um Grünspan auf Bronze zu entfernen,** reiben Sie sie mit einem Tuch und einer Mischung aus einem Esslöffel Spritessig und einer Prise feinem Salz ab.

• **Zum Polieren** geben Sie einige Tropfen Worcester-Sauce auf einen weichen Lappen – Sie werden erstaunt sein.

▶ Perfektes Kupfer

• **Für neuen Glanz** tauchen Sie Kupferstücke 5 Minuten lang in eine Wanne mit lauwarmem Wasser und 4 Esslöffeln flüssiger Schmierseife, abspülen und abtrocknen.

• **Für eine Tiefenreinigung** geben Sie 5 Esslöffel Mehl und 5 Esslöffel feines Salz in ein Gefäß. Mischen und Spritessig hinzufügen, bis Sie eine sämige Paste erhalten, die dick genug ist, dass sie nicht verläuft. Tragen Sie die Paste in kreisförmigen Bewegungen mit einem flachen Pinsel auf. Trocknen lassen, abspülen und mit einem weichen, fusselfreien Tuch trocknen.

• **Angelaufenes Kupfer?** Bringen Sie eine Mischung aus 2 Gläsern Essig und 1/2 Glas Salz zum Kochen. Geben Sie das Objekt hinein. Einige Minuten wirken lassen, mit klarem Wasser abspülen und trocknen.

▸ **Strahlendes Zinn**

• **Im Alltag** genügt die Reinigung mit Seifenwasser oder mit dem Kochwasser von Zwiebeln. Abspülen nicht vergessen.

• **Für neuen Glanz** Zinn mit einem Lappen und warmem Bier abreiben. Trocknen lassen und polieren.

• **Sie bevorzugen kalte Methoden?** Verwenden Sie rohe Kohlblätter, und polieren Sie das Zinn anschließend mit einem weichen Tuch.

BADEZIMMER

Der intime Raum schlechthin. Egal ob man sich dort nur fünf Minuten für eine Katzenwäsche aufhält oder sich ein langes Erholungsbad gönnt, das Badezimmer sollte stets in einwandfreiem Zustand sein.

Jede Woche

▸ **Eine einladende Badewanne**

Gerne macht man es sich in der Badewanne mit einem Buch und Musik im Hintergrund bequem. Ein Bad bedeutet, in einen Wohlfühlbereich abtauchen. Es wäre schade, sich diese Freude durch unangenehme Spuren zu verderben.

• **Ist sie aus Emaille,** so sollte sie, damit sie nicht verschmutzt, nach jedem Bad mit der Duschbrause, einem Schwamm und Schmierseife gereinigt werden, damit sich an den Wänden keine Spuren festsetzen. Doch oft fehlt uns der Wille dazu. Dann sollte man diesen Vorgang zumindest einmal pro Woche durchführen.

• **Lust auf Glanz?** Reinigen Sie die Seitenwände mit einem Tuch, das mit Terpentin getränkt ist. Trocknen lassen und mit klarem Wasser nachspülen, dann mit einem sauberen Tuch nachreiben. Diesen Vorgang alle zwei bis drei Monate durchführen.

Ihre Wanne ist mit der Zeit eher grau als weiß? Damit sie wieder glänzt, die Seitenwände mit einer halben Zitrone und Salz abreiben, dann mit einem Tuch und warmem Spritessig darüber reiben. Einige Minuten einwirken lassen, abspülen und trocknen.

• **Rund um das Abflussloch haben sich hässliche braune Flecken gebildet?** Bereiten Sie eine Wunderpaste aus 2 Teilen Natron und 1 Teil Wasserstoffperoxid her. Passen Sie die Mengen an, um eine konsistente Paste zu erhalten. Mit einem leicht feuchten, nicht kratzenden Schwamm einreiben. Mit klarem Wasser abspülen.

• **Ist sie aus Acryl,** dann sollte man sie auf keinen Fall mit kratzenden Gegenständen abreiben. Hier sollte man stets sanft vorgehen, so der Grundsatz für alle Teile aus diesem Material. Für die Pflege nehmen Sie einfach einen Schwamm oder ein weiches

Tuch und flüssige Schmierseife oder Spülmittel. Mit klarem Wasser abspülen.

• **Hartnäckiger Fleck?** Reiben Sie ihn vorsichtig mit Putzstein und einem Schwamm ab. Sollte er weiterhin bestehen, nehmen Sie Glasreiniger, verdünnten Spritessig oder eine halbe Zitrone. Gründlich und schnell abspülen.

▸ **Einwandfrei glänzende Armaturen**

Reinigt man Chrom jede Woche, so verhindert man, dass es verschmutzt, glanzlos wird und verkalkt. Pinseln Sie Chrom mit einer Paste aus Schlämmkreide und Spiritus ein. 15 Minuten einwirken lassen, damit sie wirkt und dann mit klarem Wasser abspülen.

• **Zu spät? Kalk hat sich an den Rändern abgesetzt?** Reiben Sie diese mit einer Zahnbürste und Ammoniak, Spritessig oder dem Saft einer halben Zitrone ab.

• **Es glänzt, aber nicht genug?** Polieren Sie es mit einem feuchten Tuch und Zigarettenasche. Anschließend mit einem trockenen, weichen Tuch abtrocknen.

▸ **Tadelloses WC**

• **Sagen Sie Urinstein den Kampf an!** Ablagerungen im WC-Becken werden schnell bräunlich und äußerst unappetitlich. Um sie zu beseitigen, geben Sie einen halben Liter kochenden Spritessig ins Becken und lassen Sie ihn eine Stunde lang einwirken.

Parfüm

Geben Sie einige Tropfen Vanilleextrakt in die Mitte der Klopapierrolle. Das Papier absorbiert den Duft, der verströmt wird, sobald Sie es aufrollen.

Bevor Sie die Spülung betätigen, reiben Sie die Ränder mit einem leicht kratzenden Schwamm ab, tragen Sie dabei Handschuhe. Vorsicht vor den Essigdämpfen, sie können reizen. Öffnen Sie die Fenster oder belüften Sie den Raum. Sie haben Kartoffeln gekocht? Anstatt das Wasser ins Spülbecken zu schütten, leeren Sie es in die Toilette und warten eine Stunde, bis sie die Spülung betätigen. Der Urinstein wird dem nicht widerstehen können.

☞ Hätten Sie es gewusst?

Abgestandene Cola? In die Toilette damit. Zwei Stunden einwirken lassen, mit einer Bürste insbesondere die hartnäckigen Flecken einreiben und spülen. Cola ist äußerst wirkungsvoll gegen Urinstein.

• **Und der Spülkasten?** Geben Sie eine haselnussgroße Menge Schmierseifenpaste hinein. Mit der Zeit löst sich die Seife auf und der Innenbereich der Wände wird gereinigt. Ja mehr noch, durch das Betätigen der Spülung verschwindet der Urinstein.

Jeden Monat

▸ **Strahlend glänzende Wandfliesen**

• **Ihre Fliesen glänzen nicht mehr?** Eine Anti-Kalkbehandlung ist angesagt.
Gegen Ablagerungen an der Oberfläche empfiehlt sich Schmierseife. Waschen Sie die Fliesen mit einem Schwamm und Seifenwasser ab. Verwenden Sie die richtige Dosierung: Eine haselnussgroße Menge Schmierseife in einem Eimer warmem Wasser reicht aus, sonst bilden sich Schlieren. Nicht nachspülen. Trocknen lassen und mit einem weichen Tuch nachreiben. Vorteil: Die Schmierseife bildet auf der Oberfläche einen Film und verhindert so das Festsetzen von Kalk.

• **Hartnäckige Flecken** verschwinden mit einem feuchten Schwamm und Natron. Stark verschmutzte Fliesen mit lauwarmem Spritessig abreiben. Aber Vorsicht, auf farbigen Fliesen eher kalte Mittel verwenden. Wenn Sie den Geruch als störend empfinden, verwenden Sie statt Essig einen Schwamm und Zitronensaft mit grobem Salz. Einige Minuten einwirken lassen und abspülen.

▶ Spiegel, die nicht beschlagen

Damit Spiegel nicht anlaufen, seifen Sie sie ein. Tragen Sie Schmierseifenpaste mit einem weichen, fusselfreien leicht feuchten Tuch auf. Warten Sie einige Minuten, wechseln Sie den Lappen und reiben Sie den Spiegel ab, bis die Seife ganz verschwunden ist. Ihr Spiegel erstrahlt in neuem Glanz.

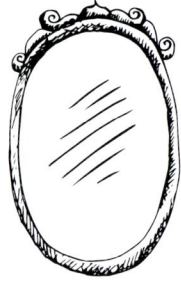

▶ Eine klare Duschabtrennung

Wegen Kalks ist Ihre Duschabtrennung eher weiß anstatt klar? Um Kalk schonend zu lösen, seifen Sie sie mit einem Schwamm und einer Mischung aus Schmierseife und Spiritus ein. Einige Minuten einwirken lassen, abspülen und die Abtrennung mit einem Mikrofasertuch trocknen. Für noch mehr Glanz können Sie einen Tropfen Zitronensäure hinzugeben.

• **Bereiten Sie die Mischung vorher zu.** Mischen Sie einen Esslöffel Schmierseife, einen halben Teelöffel Spiritus und eine Tasse lauwarmes Wasser.

Alle sechs Monate

▶ Geruchsfreie Abflüsse

Damit Gerüche, die uns das Leben schwer machen, verschwinden, mischen Sie eine Handvoll grobes Salz, eine kleinere Menge Natron und ein Glas Spritessig (Vorsicht, chemische Reaktion!) und schütten Sie das Ganze vor dem Schlafengehen in den Abfluss. Über Nacht einwirken lassen und morgens mit Wasser nachspülen.

▶ Eine saubere Dusche

Eine Katastrophe – Ihre Duschbrause ist nicht mehr so kräftig und ergiebig? Schauen Sie nach oben … bestimmt sind die Düsen mit Kalk verstopft. Schrauben Sie den Duschkopf los und legen Sie ihn 15 Minuten in Spritessig. Reiben Sie die Düsen mithilfe einer Zahnbürste ab, damit die Kalkreste verschwinden. Lassen Sie alles weitere 15 Minuten im Essig liegen und spülen Sie dann mit klarem Wasser nach.

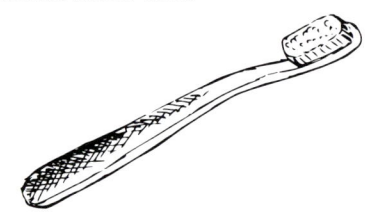

Anti-Schimmel

💡 **TIPP**

Bevor Sie Ihren Duschvorhang aufhängen, tauchen Sie ihn in stark salzhaltiges Wasser. Das verhindert das Festsetzen von Schimmelpilzen.

▶ **Duschvorhang ohne Flecken**

Ihr Duschvorhang ist mit schwarzen Flecken übersät? Diese Schimmelspuren mit der kratzenden Seite eines Schwamms und warmem Essig abreiben. Waschen Sie den Vorhang bei 30°C und geben zusätzlich 3 Esslöffel (75 g) Natron in das Waschmittelfach.

▶ **Saubere Fugen**

Es ist nicht zu vermeiden, dass Fugen mit der Zeit schmutzig werden und sogar schimmeln. Ergebnis: Sie sind nicht mehr dicht und eine offene Tür, durch die alles möglich eindringen kann… Um Probleme zu vermeiden, reiben Sie die Fugen mit einer Zahnbürste und mit Schmierseifenpaste ohne Wasser ab. Reiben Sie anschließend mit einem Mikrofasertuch nach.

• **Sie haben keine Schmierseife?** Dann nehmen Sie Spritessig oder Brennspiritus.

SCHLAFZIMMER

Wir verbringen dort die Hälfte unseres Lebens. Das Schlafzimmer hat es verdient, dass wir es ordentlich putzen…

Alle drei bis sechs Monate

▶ **Seegrasboden**

Er besteht aus Fasern geflochtener Wasserpflanzen und muss befeuchtete werden, damit er hell bleibt. Daher sollten Sie den Boden alle zwei bis drei Monate feucht abwischen und dann mit dem Föhn oder einem Heizlüfter trocknen.

• **Für eine Tiefenreinigung** einen halben Verschlussdeckel Ammoniak mit einem Teelöffel Schmierseife auf 5 Liter lauwarmes Wasser mischen. Den Boden mit der Bürste oder einem Lappen einreiben und die stark verschmutzten Stellen nicht vergessen. Abspülen und mit dem Föhn trocknen, Seegras ist anfällig für Ränder und Schimmelpilze.

❶ **ACHTUNG:** Damit sich keine Schmutzränder bilden, wischen Sie kleinste Wassertropfen sofort mit Küchenpapier ab und trocknen Sie die Stelle mit dem Föhn, in kreisende Bewegungen von außen nach innen.

▶ Eine saubere Matratze

Ein Ort zum Träumen. Damit die Nächte genauso schön wie die Tage sind, ist eine regelmäßige Reinigung notwendig.

• **Entstauben Sie regelmäßig** die Matratzen und Bettrahmen mit dem Staubsauger, reinigen Sie jedoch vorher die Bürste.

• **Zum Schutz vor Milben** ist alle drei Monate eine Tiefenreinigung notwendig. Besprühen Sie die Matratze komplett mit einer Mischung aus 1,5 dl Spiritus, 3,5 dl Wasser und 5 Tropfen ätherischem Zitronenöl; an der frischen Luft trocknen lassen. Falls Sie die Zutaten nicht da haben, nehmen Sie Wodka, das ist ebenso wirksam!

• **Zur Tiefen-Desinfektion** mischen Sie in einer Wanne eine Tasse Natron und einen Liter Spritessig. Vorsicht, chemische Reaktion! Lassen Sie die Mischung aufschäumen. Wenn sie sich wieder beruhigt hat, geben Sie sie auf einen Schwamm und reiben die Matratze damit ab. Ziehen Sie Handschuhe an. An der Luft trocknen lassen.

Desodorisieren Sie die Matratze einmal im Monat. Bestreuen Sie sie mit einer Mischung zu gleichen Teilen aus Montmorillonit und weißer Tonerde in Pulverform. Eine Nacht einwirken lassen und aufsaugen.

• **Um getrocknetes Blut zu entfernen,** einige Tropfen Zitronensaft 5 Minuten einwirken lassen. Ein Tuch mit dem restlichen Zitronensaft tränken und die Stelle einreiben. Um den Fleck nicht zu verteilen, mit kreisenden Bewegungen von außen nach innen arbeiten. Mit einem Schwamm nachspülen und an der Luft trocknen lassen.

Der Fleck verschwindet nicht? Bereiten Sie eine zähe Paste aus gleichen Teilen Wasser und Stärke zu. Die Paste auf den Fleck streichen, mindestens 2 Stunden einwirken lassen und mit einer Bürste mit harten Borsten abreiben. Mit einem leicht feuchten Schwamm nachwischen und an der frischen Luft trocknen lassen. Die Stärke können Sie durch Puder oder Maisstärke ersetzen.

• **Um einen Urinfleck zu beseitigen,** ist es ideal, diesen mit Wasser abzuspülen und dann sofort mit Wasserstoffperoxid abzureiben. Trocknen Sie anschließend die Matratze mit einem Föhn und vollführen Sie dabei kreisende Bewegungen von außen nach innen.

Zu spät? Er hat sich festgesetzt? Mit Ammoniak betupfen und mit einem Schwamm abspülen. Mit Natron bestreuen, um die Gerüche zu beseitigen. An der frischen Luft trocknen lassen und mit dem Staubsauger absaugen.

• Zur Beseitigung von **Schweißflecken** bedecken Sie den Fleck mit Montmorillonit, eine Stunde einwirken lassen, bürsten und die überschüssige Erde absaugen. Mit klarem Wasser nachspülen.

Einmal jährlich

▸ **Ein geruchloser Schrank**

Wenn Sie ein feuchtes Laken zu früh einräumen, durchdringt Modergeruch den Schrank. Um dem beizukommen, reinigen Sie die Regale mit einem Schwamm und einer Mischung aus Essig und Wasser (300 ml Spritessig), 20 ml Wasser und we-

Gerüche in Schränken bekämpfen 💡 TIPP

Bekämpfen Sie schlechte Gerüche mit einigen Stücken in Stoff gewickelter Holzkohle. Nach einem oder zwei Tagen absorbieren sie die Gerüche. Falls Sie keine Holzkohle haben, stellen Sie ein kleines Gefäß mit Natron in den Schrank, ebenfalls ein wirkungsvoller Geruchabsorber.

gen der desinfizierenden und klärenden Wirkung 5 Tropfen Teebaumöl). V. a. die Schimmelflecken behandeln und sorgfältig trocknen lassen. Die Tür mehrere Tage offen lassen, damit die Luft zirkulieren kann.

❶ **ACHTUNG:** Teebaumöl nicht in der Nähe schwangerer oder stillender Frauen verwenden und auch nicht in der Nähe von Kindern oder Tieren.

▸ **Dem Mottenbefall vorbeugen**

• **Damit sich keine Motten einnisten,** saugen Sie regelmäßig bis hinten in den Schrank und unter den Möbeln. Motten werden nicht gerne gestört, bewegen Sie daher die Kleidung in den Schränken. Öffnen Sie die Türen, lüften Sie, versetzen Sie Kleiderstapel, bewegen Sie Kleiderbügel usw.

• **Nach dem Winter (spätestens März–April),** leeren Sie die Regale und reinigen Sie sie mit einem Schwamm und einer Mischung aus drei Teilen Zitronensaft, 1/4 l Wasser und zwei Tropfen Eukalyptusöl. Die Ecken nicht vergessen. Trocknen lassen, bevor Sie Ihre Sachen wieder einräumen.

Zur Vermeidung von Motten legen Sie anschließend Lavendel- oder Kampfersäckchen aus.

ANHANG

EINSTUFUNG UND KENNZEICHNUNG VON CHEMIKALIEN

Um das Internationale System der Einstufung und Kennzeichnung* von Chemikalien zu harmonisieren, gibt es seit 1. Juni 2015 eine neue Kennzeichnungspflicht für alle Gemische (und seit Dezember 2010 für alle Stoffe). Jedoch gilt eine Übergangsfrist für die Produkte, die sich bereits auf dem Markt befinden. Das bedeutet, dass bis Mai 2017 alte und neue Kennzeichnung koexistieren.

*Europäische Verordnung Nr. 1272/2008 über die Einstufung, Kennzeichnung und Verpackung.

• **Wozu ist das gut?** Die Einstufung von Chemikalien soll den Verbraucher über die von chemischen Stoffen und Gemischen ausgehenden Gefahren sowie über deren Auswirkungen auf Gesundheit und Umwelt informieren.

❶ ACHTUNG: Beachten Sie bei der Anwendung eines Produkts immer die Gebrauchsanweisung.

GEFAHREN FÜR DIE UMWELT

ALTE KENN-ZEICHNUNG	NEUE KENN-ZEICHNUNG	GEFAHRENBEZEICHNUNG	VORSICHTS-MASSNAHMEN
		**SCHÄDIGT DIE OZONSCHICHT:** Das Produkt zerstört die Atmosphäre	Nicht in die Umwelt gelangen lassen
		**WASSERGEFÄHRDEND:** Das Produkt ist umweltschädlich • Es hat (kurz- und/oder langfristig) nachteilige Auswirkungen auf Wasserorganismen	Nicht in die Umwelt gelangen lassen

PHYSIKALISCHE GEFAHREN

ALTE KENN-ZEICHNUNG	NEUE KENN-ZEICHNUNG	GEFAHRENBEZEICHNUNG	VORSICHTS-MASSNAHMEN
		**EXPLOSIV:** Das Produkt kann in Kontakt mit Feuer oder anderen Zündquellen, mit statischer Elektrizität, bei Erwärmung oder durch Schlag oder Reibung explodieren	Von Zündquellen und anderen Hitzequellen fernhalten
-		**GAS UNTER DRUCK:** Das Produkt kann bei Erwärmung explodieren (verdichtetes, verflüssigtes oder gelöstes Gas) • Es kann Kälteverbrennungen oder -Verletzungen verursachen (tiefgekühltes verflüssigtes Gas)	Vor Sonnenbestrahlung schützen • Hautkontakt mit tiefgekühlten Flüssigkeiten vermeiden
		**ENTZÜNDBAR:** Das Produkt kann sich durch Kontakt mit einer Flamme, Funken und anderen Zündquellen, mit statischer Elektrizität, bei Erwärmung, durch Reibung, Kontakt mit Luft oder mit Wasser entzünden	Von Zündquellen und anderen Hitzequellen fernhalten
		**OXIDIEREND:** Das Produkt kann einen Brand verursachen oder beschleunigen • Es kann in der Nähe von entzündbaren Produkten eine Explosion verursachen	Von Hitze- und Zündquellen fernhalten, kontaminierte Kleidung und Haut sofort mit viel Wasser abwaschen
		**KORROSIV:** Das Produkt kann zu Verätzungen führen • Es kann korrosiv auf Metalle wirken, sie angreifen oder zerstören	Von Zündquellen und anderen Hitzequellen fernhalten

GESUNDHEITSGEFAHREN

ALTE KENN-ZEICHNUNG	NEUE KENN-ZEICHNUNG	GEFAHRENBEZEICHNUNG	VORSICHTS-MASSNAHMEN
		**GESUNDHEITSSCHÄDLICH:** Das Produkt kann in hohen Dosen toxisch sein • Es kann Haut, Augen und Atemwege reizen • Es kann allergische Hautreaktionen hervorrufen • Kann zu Schläfrigkeit und Benommenheit führen	Jeglichen Kontakt mit dem Produkt vermeiden
		**GIFTIG ODER SEHR GIFTIG:** Das Produkt ist lebensgefährlich • Es wirkt auch in niedrigen Dosen toxisch	Schutzausrüstung tragen • Jeglichen Kontakt vermeiden (Verschlucken, Hautkontakt, Einatmen) • Bei Hautkontakt gründlich mit viel Wasser und Seife waschen
		**KORROSIV:** Das Produkt kann bei Kontakt zu Verätzungen der Haut und schweren Augenschäden führen	Jeglichen Kontakt mit Augen und Haut vermeiden, nicht einatmen
		**SEHR GESUNDHEITSSCHÄDLICH:** Das Produkt kann Krebs verursachen • Kann genetische Defekte verursachen • Kann die Fruchtbarkeit beeinträchtigen oder das Kind im Mutterleib schädigen • Kann die Funktion einiger Organe beeinträchtigen • Kann bei Verschlucken und Eindringen in die Atemwege tödlich sein • Es kann Atembeschwerden oder Allergien der Atemwege verursachen (z. B. Asthma)	Schutzausrüstung tragen • Vor Gebrauch alle Sicherheitshinweise lesen • Jeglichen Kontakt mit dem Produkt vermeiden • Nach Gebrauch alle exponierten Hautstellen gründlich waschen

Wichtige Notruf-Nummern

▶ **Mit dem Mobiltelefon**

112: Einheitliche Notrufnummer im gesamten europäischen Gebiet, empfohlen im Inland sowie auf Auslandsreisen.

▶ **Aus dem Festnetz**

112: Notarzt und Feuerwehr erreichen Sie gebührenfrei über die Notrufnummer 112

Österreich

114: Die Notrufnummer für Rettungseinsätze

+431 (0) 406 43 43: Vergiftungsnotruf

Schweiz

144 oder 112: Den Rettungsdienst erreichen Sie über beide Nummern

+41 (0) 44 251 51 51: Vergiftungsnotruf

▶ **Giftnotrufzentralen und Toxikovigilanz**

Die neun Giftinformationszentren (GIZ) der deutschen Bundesländer sind überwiegend an Universitätskliniken angesiedelt. Sie dienen als toxikologische Informationsdienste (Giftnotrufe) und sind 24 Stunden an 7 Tagen die Woche erreichbar.

Deutschland

Berlin · Giftnotruf der Charité (BE, BB) Tel.: 030/19240, *mail@giftnotruf.de*

Göttingen · GIZ-Nord der Länder HB, HH, NI, SH Tel.: 0551/19 240, *giznord@giz-nord.de*

Bonn · Informationszentrale gegen Vergiftungen (NRW) Tel.: 0228/19240, *gizbn@ukb.uni-bonn.de*

Homburg · Informations- und Beratungszentrum für Vergiftungsfälle (SL) Tel.: 06841/19240, *giftberatung@uniklinikum-saarland.de*

Erfurt · GIZ der Länder MV, SN, ST, TH Tel.: 0361/730 730, *ggiz@ggiz-erfurt.de*

Mainz · GIZ der Länder RP, HE Tel.: 06131/19240, *mail@giftinfo.uni-mainz.de*

Freiburg · Vergiftungs-Informations-Zentrale (BW) Tel.: 0761/19240, *giftinfo@uniklinik-freiburg.de*

München · Giftnotruf München (BY) Tel.: 089/19240, *tox@lrz.tu-muenchen.de*

Österreich

Wien · Vergiftungsinformationszentrale Tel.: 0043 (0)1/4064343, *viz@meduniwien.ac.at*

Schweiz

Zürich · Schweizerisches Toxikologisches Informationszentrum Tel.: 0041 (0)44/2515151, *info@toxi.ch*

Hier erfahren Sie mehr: Bundesamt für Verbraucherschutz und Lebensmittelsicherheit *http://www.bvl.bund.de/DE/Home/homepage_ node.html*

Stand: Oktober 2015

SACHREGISTER

Die Hausarbeit Raum für Raum planen

▶ Quellen

- Meine Mutter, die mir beibrachte, diese Produkte zu verwenden.
- Meine Freundinnen, die mir gerne die Tipps ihrer Großmütter weitergaben.
- Die Internetsurfer, die ihre Tipps und Tests teilen.

▶ Danksagung

Vielen Dank an Françoise, die immer da war und alles als Erste las.
Ich danke meiner Mutter, der Königin des Althergebrachten, und ihren guten Ideen.
Meiner Schwester… Schwestern halten zusammen! Danke an meine kleine Familie.

▶ Bildnachweis

fotolia / Amili; fotolia / asmakar; fotolia / canicula; fotolia / Diana Vyshniakova; fotolia / J_ka; fotolia / kharlamova_lv; fotolia / kytalpa; fotolia / lenaalyonushka; fotolia / macrovector; fotolia / milavas; fotolia / Neyro; fotolia / pim; fotolia/raven; fotolia / tsaplia; Sylvain Kaslin.

Die französische Originalausgabe erschien unter dem Titel „Le ménage au naturel"
© 2015 Massin – Société d'Information et de Créations (www.massin.fr)
Direktor der Edition: Thierry Lamarre
Edition: Adeline Lobut
Texte: Isabelle Louet
Korrektorat: Isabelle Misery
Lektorat: Either Studio (Laurie Montaz)
Konzeption, Grafik und Satz: Either Studio

Deutsche Ausgabe
Produktmanagement: Mariel Marohn, Lara Schaufler
Übersetzung: Andrea Wurth, Neuried
Lektorat: Manuela Feilzer, Köln
Satz: Claudia Adam Graphik Design, Darmstadt
Druck und Bindung: GPS Group GmbH, Österreich

© 2016 frechverlag GmbH, Turbinenstr. 7, 70499 Stuttgart
ISBN 978-3-7724-7646-4
Best.-Nr. 7646